Peter Stadelmann

Goldfische

Fotos bekannter Aquaristik-Fotografen
Zeichnungen: Renate Holzner

2 INHALT

GOLDFISCHE

- **Attraktive Formen.**

- **Farbenvielfalt, kein Fisch gleicht dem anderen.**

- **Nehmen so schnell nichts übel.**

- **Friedlich und anspruchslos.**

- **Fressen aus der Hand.**

- **Fressen mehr als ihnen gut tut.**

- **Robust und anpassungs-fähig.**

- **Sehr neugierig.**

- **Erkennen den Pfleger am Schrittrhythmus.**

Ihre Neugierde kann Goldfischen auch zum Verhängnis werden: Mein Foxterrier »half« mir regelmäßig beim Füttern der Goldfische, indem er seinen Bart unter meine Hand steckte. Die Goldfische fraßen mir gierig aus der Hand. »Strolch« registrierte dies aufmerksam. Eines Tages beschloß er, alleine zu »füttern«. Er hielt seinen Bart ganz ruhig ins flache Wasser. Die Schleierschwänze kamen neugierig wie immer und warteten auf das Futter. Sie zupften »Strolch« am Bart. Das störte ihn, und er ergriff einen neugierigen Fisch und legte ihn fein säuberlich durchgekaut auf den Beckenrand. Gott sei Dank habe ich es noch rechtzeitig bemerkt und konnte die »Jagdszene« beenden.

ENTSCHEIDUNGSHILFEN

1 Das Goldfischaquarium braucht einen Standort, an dem es dauerhaft stehenbleiben kann. Der Raum kann ungeheizt sein.

2 Goldfische bereiten keine Urlaubsprobleme. Eine Hungerperiode, in Ausnahmefällen bis zu 4 Wochen, überstehen sie schadlos.

3 Goldfische können sowohl im Teich als auch im Aquarium gepflegt werden. Sollen sie im Teich überwintern, muß dieser eine gewisse Mindesttiefe haben.

4 Goldfischaquarien im Haus verbessern die Luftfeuchtigkeit und damit die Wohnqualität. In Kombination mit Hydrokultur lassen sich wunderschöne Grünzonen gestalten.

5 Es ist nachgewiesen, daß die Haltung und Pflege von Fischen im Aquarium zu hohen Blutdruck senkt.

6 Sparen Sie nicht bei der Anschaffung der Technik. Dafür sind die

Folgekosten für die Pflege von Goldfischen allgemein sehr gering.

7 Ein Teich kann gefährlich werden. Denken Sie deshalb an Sicherungsmaßnahmen.

8 Goldfische wachsen bei guter Pflege sehr schnell. Sichern Sie sich beizeiten Abnehmer im Bekanntenkreis mit einem größeren Teich.

9 Goldfische sind robust. Bei guter Pflege werden sie selten krank.

10 Goldfische wollen zu mehreren gehalten werden. Sie mögen auch die Gesellschaft anderer Fischarten.

Goldfische pflegen und beobachten

Wenn Sie Goldfische pflegen möchten, gibt es viele Möglichkeiten.

Im speziellen Goldfischteich im Garten lassen sich die Goldfische in ihrer ganzen Vielfalt natürlich am besten beobachten. Es wird aber meist nicht bei einem Teich bleiben. Wie Kinder ihr eigenes Beet im Garten möchten, so kommt auch der Wunsch nach dem eigenen kleinen Teich für die Goldfischbabys. Ein alter Pflanzkübel oder ein Badezuber, in allem läßt sich ein Heim für den Goldfischnachwuchs einrichten. Der Miniteich sollte nur nicht weniger als 50 l Wasser enthalten.

Im Haus können Goldfische im herkömmlichen Aquarium mit Beleuchtung in der Abdeckung oder in einem offenen Aquarium gepflegt werden. Der Goldfischwürfel kann in eine Blumenlandschaft mit Hydrokulturen im Wohnzimmer integriert werden. Spezielle Pflanzenleuchten von der Decke liefern ausreichend Licht. Neuerdings werden auch sogenannte Paludarien, Sumpfaquarien mit Wasserteil und Hängepflanzen, angeboten. Darin können zwei bis drei Schleierschwänze gut gepflegt werden. In Wintergärten läßt sich die Goldfisch- und Pflanzenpflege noch phantasievoller kombinieren.

AUSWAHL UND KAUF VON GOLDFISCHEN

Goldfische sind vielleicht die ältesten Heimtiere überhaupt. Im Laufe der Zeit wurden viele unterschiedliche Formen und Farben gezüchtet. Um lange Freude an den Tieren zu haben, sollten Sie nicht nur beim Kauf einiges bedenken, auch die richtige Gesellschaft ist wichtig.

Woher der Goldfisch stammt

Der allbekannte Goldfisch stammt aus Asien. Die alten Chinesen züchteten aus dem Silbergiebel oder der Silberkarausche *(Carassius auratus gibelio)*, dem asiatischen Verwandten der europäischen Karausche *(Carassius carassius)*, den Goldfisch in unendlich vielen Varianten. Einer Sage zufolge sollten diese goldenen Fische dem jeweiligen Besitzer Glück bringen. Deshalb wurden in den Teichen der chinesischen Kaiser Goldfische gehalten. Glück bedeutete Macht und Kriegsglück für den Besitzer besonders schön gezeichneter Tiere. Da man auch damals schon das Glück beeinflussen wollte, wurden immer absonderlichere Formen gezüchtet.

Kennzeichen des Goldfisches

Der Goldfisch gehört zur Familie der Karpfenartigen Fische *(Cyprinidae)*. Er besitzt keine Bartfäden. Alle Goldfische, egal von welcher Farbe oder Körperform, gehören zur gleichen Art und haben den gleichen wissenschaftlichen Namen: *Carassius auratus*.

Ein prachtvoller Calico-Goldfisch (im Bild oben). Der untere Goldfisch färbt gerade um.

Außer an der auffälligen Färbung ist der Goldfisch eindeutig am ersten Flossenstrahl der Rückenflosse zu erkennen. Dieser ist nur halb so lang wie der zweite Strahl. Bei der europäischen Karausche, die wildlebend nur noch sehr selten gefunden wird, ist der erste Strahl der Rückenflosse genauso lang wie der zweite Strahl. Auch von der Karausche gibt es – wie übrigens von fast allen Fischen – öfters Goldvarianten, Goldkarauschen genannt. Sie sind mit ihrem Goldton am ganzen Körper bei weitem nicht so farbenprächtig wie die Goldfische. Rote und andere Farbtöne sind mir nicht bekannt.

Die Vererbungslinien

Bei allen Goldfischen, auch Kometen und Schleierschwänzen, gibt es zwei Vererbungslinien: Die Fische der ersten Vererbungslinie, die man gemeinhin als Goldfisch bezeichnet, kommen alle graugrün beziehungsweise grauschwarz gefärbt zur Welt. Für den Zeitpunkt des Umfärbens bei den Jungfischen ist eine höhere Wassertemperatur über einen längeren Zeitraum ausschlaggebend, nicht die Körpergröße. Im Gartenteich geborene Goldfische färben in unseren Breiten erst im zweiten Lebensjahr um (→ Seite 59). Auch Jungfische von der Größe einer Kinderhand können sich noch verfärben. In südlichen Ländern, im Aquarium im Wintergarten oder bei längeren Wärmeperioden beginnen schon 3 bis 5 cm große Jungtiere damit. Die zweite Vererbungslinie möchte ich als »Harlekine« bezeichnen. Der deutsche Fachbegriff dafür ist Calico-Goldfisch oder Shubunkin. Die jungen Harlekine kommen bereits farbig zur Welt. Sie sind sofort nach Verlassen des Eies an den meist dunkel gefärbten Augen zu erkennen. Mit zunehmendem Alter werden die Farben reiner und intensiver. In dieser Vererbungslinie kommt der einzige Goldfisch mit der Farbe »Blau« in den Genen vor.

Welche Goldfische es gibt

✔ Kometen (→ Fotos, Seite 2, 49): Durch weitere Zuchtwahl der alten Chinesen entstanden Goldfische mit verlängerten oberen und unteren Flossenstrahlen, die Kometen. Bei besonders schönen Exemplaren wird der Kometenschweif körperlang. Die Rückenflosse sollte dabei ziemlich aufrecht stehen, sie erreicht ebenfalls die doppelte Größe. Da diese Tiere einwandfrei schwimmen können, kann man hier nicht von »Qualzucht« (→ Seite 11) sprechen. Allerdings bilden sich derartige Flossen nicht immer aus,

auch wenn sie in den Genen vorgesehen sind. Der Flossenwuchs hängt ebenfalls davon ab, ob die Tiere in Strömung gehalten werden oder eher im stehenden Wasser aufwachsen.
Als Sarasa-Kometen (→ Foto, Seite 13 rechts Mitte) bezeichnet man zweifarbige, immer rot-weiß gefleckte Kometen.
✔ Schleierschwänze (→ Fotos, Seite 1, 6, 13 rechts oben): Durch spezielle Zuchtauswahl entstand die doppelt ausgebildete Schwanzflosse. Diese sogenannten Schleierschwänze fallen zusätzlich durch ihre gedrungene Körperform auf, eine Folge des verkürzten Rückgrates. Durch die doppelte Schwanzflosse können sie nicht schnell schwimmen und ihren Feinden entfliehen.
Das »Rotkäppchen« ist ein besonders schöner Schleierschwanz. Darunter versteht man einen weißen Schleierschwanz mit einem kreisrunden roten Fleck auf der Kopfoberseite. Diese Variante ist in Japan besonders beliebt, da sie die japanische Nationalflagge zeigt. Sie wird »Tancho« genannt.
✔ Löwenköpfe (Oranda) (→ Foto, Seite 12 links oben) haben Wucherungen auf der Oberseite des Kopfes, die bei manchen Fischen die Augen überwachsen. Ist die Wucherung rot und der

Schwanzformen im Vergleich (von links nach rechts): Komet, Schleierschwanz, normaler Goldfisch.

Fischkörper weiß gefärbt, dann wird diese Variante als »Tancho-oranda« (→ Foto, Seite 12 rechts unten) bezeichnet.

Das typische Erscheinungsbild eines guten Löwenkopfes entspricht dem »Kindchenschema«. Von vorne gesehen, zeigt der Fisch eine kurze Kopfform, ein »pausbäckiges« Gesicht und klare, große, nicht zugewachsene Augen. Die Flossen sind nicht zu lang, dafür aber sehr gleichmäßig ausgebildet.

Löwenköpfe sind besonders anfällig für Außenparasiten (→ Seite 50).

✔ Perlschupper (→ Foto, Seite 12 links unten) nennt man Goldfische mit einer Art weißer, rauher Noppen auf den Schuppen.

Weitere Goldfischformen

Um die Tiere besser beobachten zu können und die Vererbung zu studieren, wurden die Goldfische in runden Fässern gehalten. Über viele Generationen entwickelten sich unterschiedliche Erscheinungsformen, wie Eierfische, Himmelsgucker, Blasenaugen und Löwenköpfe, bei denen die Wucherungen seitlich über die Augen herabwachsen. Sie werden heute als Qualzuchten bezeichnet, weil die Tiere in ihrer Lebensweise stark beeinträchtigt sind. Damit

TIP

Faunenverfälschung

In vielen einheimischen Gewässern findet man Goldfische, die dort ausgesetzt wurden und sich vermehren. Sie sind anpassungsfähig und deshalb Nahrungskonkurrenten der einheimischen Fische. Als solche sind sie nicht gerne gesehen. Es besteht jedoch kaum Gefahr der Faunenverfälschung. So nennt man das Überhandnehmen einer Art, die in einem bestimmten Biotop ursprünglich nicht vorkam. Goldfische sind so auffällig gefärbt, daß sie für alle Räuber, wie Hechte und Barsche, aber auch Graureiher, eine beliebte, weil leichte Beute darstellen. Da sie sich auch noch recht zahlreich vermehren, bilden die Jungfische möglicherweise ein wichtiges Glied in der Nahrungskette anderer Wasserbewohner, wie der Libellenlarven. Trotzdem sollten Sie Ihre überzähligen Goldfische nicht einfach im nächsten Gewässer entsorgen.

will ich aber nicht die schier unglaubliche züchterische Leistung der Chinesen von vor tausend Jahren kritisieren.

✔ Eierfische werden Tiere ohne Rückenflossen genannt.

✔ Bei den Himmelsguckern liegen die Augen in seitlich nach außen gestülpten Ausbuchtungen am Kopf, so daß die Tiere nur noch nach oben, aber nicht zur Seite blicken können.

✔ Blasenaugen nennt man Schleierschwänze, bei denen die Augen zusätzlich noch blasenartig aufgetrieben sind. Die Blasen sind mit einer Flüssigkeit gefüllt.

IM PORTRÄT:
GOLDFISCHE

Goldfische werden seit nunmehr gut tausend Jahren gezüchtet. Sie erfreuen ihre Betrachter durch auffällige Farben und Erscheinungsformen.

Foto oben: Junger Goldfisch mit normaler Körperform, gerade im Umfärben begriffen.

Foto oben: Junger roter Löwenkopf mit der typischen Wucherung auf der Oberseite des Kopfes.

Foto oben: Ein klassischer Rotkäppchen-Löwenkopf, auch Tancho-oranda genannt.

Foto links: Halbwüchsiger Perlschupper mit rauhen »Noppen« auf den Schuppen.

Foto oben: Zwei spielende junge Kometen, der obere färbt bereits um. Gelbe, orangefarbene und rote Formen sind häufig.

Foto unten: Ein Schleierschwanz der alten englischen Körperform, das heißt mit normalem Körperbau.

Foto oben: Eine Kreuzung zwischen einem Rotkäppchen und einem Sarasa.

Foto unten: Ein schön gezeichneter Sarasa-Komet mit rot-weißer Färbung und den für Kometen typischen verlängerten Flossen.

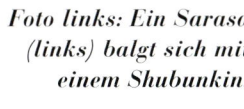

Foto links: Ein Sarasa (links) balgt sich mit einem Shubunkin.

Das Gesellschaftsbecken

Der Goldfisch ist ein friedlicher Geselle, der so schnell nichts übelnimmt. Ob im Aquarium, Miniteich oder Goldfischteich, der Goldfisch hat gerne Gesellschaft. Er zeigt zwar kein typisches Schwarmverhalten, verträgt sich aber mit anderen Fischen gut. Er »knabbert« seine Mitbewohner nicht an, auch wenn diese sehr viel kleiner sind als er. Selbst durch einen Schwarm schneller, kleiner Mitbewohner fühlt er sich kaum gestört.

Bitterling *(Rhodeus sericeus amarus,* → Foto Seite 28, Zeichnung Seite 15): Größe 5 bis 6 cm, maximal bis 9 cm. Der Bitterling ist der ideale Begleiter des Goldfisches, da er die gleichen Ansprüche an den Lebensraum stellt. Voraussetzung für seine Haltung ist Sandboden von zirka 6 bis 8 cm Höhe im Teich oder im Aquarium. Der Bitterling ist möglicherweise der einzige Fisch, der die nach Salmiak riechenden Blaualgen in manchen überdüngten Gewässern frißt. Diesem beißenden Geruch verdankt er wahrscheinlich seinen deutschen Namen. Da der Bitterling häufig mit Weißfischen, den Maifischen, gefangen und zubereitet wird, nimmt das Fischgericht seinen bitteren Geschmack an.

Die Geschlechter sind leicht zu unterscheiden. Die Weibchen bekommen eine bis zu 4 cm lange Legeröhre. Die sehr farbenprächtigen Männchen haben manchmal einen Laichausschlag in

*Goldfischgesellschaft (von links nach rechts):
Normale Goldfische, Gründlinge, Schleierschwanz, Bitterlinge.*

der Maulgegend. Die Tiere sollten paarweise zu mehreren Paaren gehalten werden. Zur Fortpflanzung ist der Bitterling auf eine Muschel angewiesen. Das Weibchen legt mit Hilfe der langen Legeröhre seine Eier zwischen die Schalen einer Fluß- oder Malermuschel. Das Männchen gibt sein Sperma über der Atemöffnung der Muschel ab, die Muschel atmet also praktisch das Sperma ein. In der Muschel werden die Eier besamt. Wohl behütet von der Muschel, wachsen die jungen Bitterlinge bis zu einer Größe von fast 1 cm heran und gelangen dann über die Kloake der Muschel ins freie Wasser. In dieser Größe schwimmen sie mit der Goldfischbrut im Schwarm.

Weitere Mitbewohner

Gründling *(Gobio gobio, → Zeichnung Seite 14)*: Größe 6 bis 8 cm, in Ausnahmefällen auch bis 13 cm. Der Gründling, ein Bewohner vor allem schnellfließender Gewässer, ist ein friedlicher Fisch der tieferen Wasserschichten, wenn er im Schwarm von 3 bis 5 Tieren gehalten

wird. Als Einzeltier wird er aggressiv. Er ist ein guter Schwimmer, der Futterreste der Goldfische verwertet. Die Männchen bekommen einen kleinen Laichausschlag in der Kopfgegend.
Schmerle oder Bartgrundel *(Noemacheilus barbatulus)*: Größe 8 bis 12 cm, maximal 16 cm. Die Schmerle bewohnt klare Fließgewässer und Seen. Sie wird oft mit dem Gründling verwechselt, hat aber im Gegensatz zu diesem keine Schwimmblase. Sie ist dämmerungsaktiv und ein reiner Bodenfisch, der etwas Unterschlupf unter einigen flachen Steinen benötigt. Das Wasser sollte nicht wärmer als 18 °C werden. Die Art liebt etwas Strömung und bevorzugt sauerstoffreiches Wasser.
Kardinalfische *(Tanichthys albonubes)*: Größe bis 5 cm. Diese flinken

Schwarmfische sind genügsam und friedfertig.
In warmen Teichen können sie ideal mit Schleierschwänzen zusammen gepflegt werden. Das
Wasser sollte nicht kälter als 12 °C werden.
Moderlieschen *(Leucaspius delineatus):* Größe
6 bis 9 cm, die Weibchen können bis 12 cm
lang werden. Die Art kommt in kleinen, stehenden oder langsamfließenden Gewässern vor.
Friedlicher Fisch, der im Schwarm von 5 bis
7 Stück gehalten werden sollte. Die Art liebt
sauerstoffreiches Wasser. Ein Oxydator
(→ Seite 22) ist daher empfehlenswert.
Elritze oder Pfrille *(Phoxinus phoxinus):* Größe
7 bis 10 cm, maximal 14 cm. Die Art lebt in
klaren, sauerstoffreichen Fließgewässern und
Seen mit Kiesgrund. Sie kann gut mit normalen
Goldfischen, aber nicht mit Schleierschwänzen
zusammen gepflegt werden. Sie liebt Strömung
und sauerstoffreiches Wasser und hält sich

*Ein schlanker, junger »normaler« Goldfisch,
möglicherweise nach der Winterpause.*

gerne in den oberen Wasserschichten und im
Flachwasser auf. 5 bis 7 Tiere sollten zusam-
mengehalten werden, da sie nicht mit anderen
Arten einen gemeinsamen Schwarm bilden.
Schlammschnecken (Familie *Lymnaeidae)* und
Posthornschnecken (Familie *Planorbidae)* sind
wichtige Mitglieder in einem Goldfischteich
oder -aquarium. Schnecken sind ungemein
nützlich. Als »Müllabfuhr« beseitigen sie Algen
und fressen auch einmal einen toten Fisch, den
man nicht sofort findet.
Hinweis: Die genannten Tiere dürfen nicht
der freien Natur entnommen werden. Schnek-
ken werden meist durch badende Vögel eingeschleppt.

Auswahl der Goldfische

Haben Sie sich entschlossen, einen Goldfischteich oder ein Aquarium einzurichten, dann hat
meist die Farbe der Fische den Ausschlag dazu
gegeben. Sicher haben Sie schon eine Vorstel-
lung davon, welche Farbvarianten Sie erwerben
wollen. Doch spätestens beim Kauf werden Sie
dann feststellen, daß nicht alle möglichen Farbvarianten vorrätig sind. Lebende Tiere »sitzen
nicht nach Farben sortiert im Regal«, notge-
drungen müssen Sie mit dem zufrieden sein,
was von den Züchtern angeboten wird. Ein
verantwortungsvoller Händler wird in seiner
Verkaufsanlage nur Tiere anbieten, von denen
er zu 100 Prozent überzeugt ist.

Ich empfehle Ihnen, alle Ihre Fische bei einem
einzigen Händler zu kaufen und sich den
Traumbesatz für den Teich oder das Aquarium
nicht aus verschiedenen Bezugsquellen »zusam-
menzukaufen«, weil der Händler den gewünsch-
ten Fisch nicht »auf Lager« hat. Die Gefahr ist
sehr groß, daß Sie damit einen Krankheitserreger einschleppen, auf den die Abwehrkräfte
Ihrer Teich- oder Aquariuminsassen nicht vor-
bereitet sind.

Welche Fische Sie dann erwerben wollen, hängt
von der Größe der einzelnen Tiere ab und von
den Fischen, die gerade gesund angeboten werden. Auf jeden Fall sollten Sie nicht große und
kleine zusammen kaufen.

Ich rate auch ab, Schleierschwänze und Goldfische gemeinsam in einem Gartenteich oder
Aquarium zu halten. Der Schleierschwanz mit
seinem langsameren Bewegungsablauf würde
zwar beim Fressen nicht zu kurz kommen, in
der Laichzeit aber von den jungen Männchen
der Kometen und »normalen« Goldfische zu
stark bedrängt werden. Die Goldfische mit ihren
kurzen Flossen sind naturgemäß schneller und
wendiger und somit zudringlicher. Schleierschwänze sollten sich mindestens 4 bis 6 Wo-

Checkliste
Beim Kauf beachten

1 Die Fische sollten ruhig im Wasser stehen, ohne zu scheuern. Sie dür-fen nicht »pumpen« und an der Wasseroberfläche hängen.

2 Die Kiemen sollten sich gleichmäßig und nicht zu schnell bewegen.

3 Die Flossen müssen an den Rändern klar abgerundet sein ohne ausge-franste Stellen.

4 Die Schleimhaut, die den ganzen Körper überzieht, muß klar und transparent sein.

5 Sie dürfen keine offenen Stellen oder Geschwüre – speziell in der Kopf- oder Bauchpartie – erkennen können.

6 Die Fische dürfen keine eingefalle-nen Bäuche oder »Blähbäuche« auf-weisen.

7 Von vorne gesehen, sollten Kopf und Kör-per der Fische wohl-gerundet sein.

8 Auf den Flossen oder Körperpartien dür-fen keine weißen Pünktchen oder Bläschen zu er-kennen sein.

chen ohne andere Fische, sogenannte Beifische, an ihre neue Umgebung und an den Fütterungsrhythmus gewöhnen können.

Goldfische und Kometen können gut zusammen gekauft und gepflegt werden. Ich rate Ihnen zu einem großen »Anführer« und mehreren kleinen Fischen in den verschiedensten Farbschattierungen.

Beifische

So nennt man die Mitbewohner im Goldfischteich oder Aquarium, in deren Gesellschaft sich Goldfische nicht gestört fühlen (→ Seite 14). Moderlieschen an der Wasseroberfläche oder ein Schwarm Kardinalfische stören zum Beispiel Schleierschwänze überhaupt nicht. Bitterlinge halten sich meist separat, und die dazu-

gehörende Muschel filtert unentwegt freßbare Partikel aus dem Wasser und trägt so zur Sauberkeit bei.

Die Beifische sorgen natürlich durch ihre bloße Anwesenheit für Bewegung bei den sonst oft schwimmfaulen Schleierschwänzen. Nicht zu unterschätzen ist auch der optische Eindruck. Ein Schwarm bunter Fische wirkt um so prächtiger, wenn noch ein Schwarm grausilberner Moderlieschen daneben schwimmt.

Hinweis: Setzen Sie die Beifische erst ein, wenn sich die Hauptfische gut eingewöhnt haben.

Wo man Goldfische bekommt

Goldfische kaufen Sie am besten in Zoofachgeschäften oder in Gartencentern mit guten Zooabteilungen. Dort werden Sie gut beraten. Lassen Sie sich keinesfalls Goldfische schenken, die aus abgefischten Karpfenteichen stammen, denn diese könnten Parasiten einschleppen (→ Krankheiten, Seite 50).

Wohin mit eigenen Goldfischen?

✔ Tauschen Sie bei der Herbstpflege eventuell überzählige Fische mit Nachbarn oder Bekannten. Im September sind die Wassertemperaturen meist noch hoch genug, daß sich die getauschten Neulinge gut eingewöhnen können und fressen werden.

✔ Machen Sie einen Aushang an einem »schwarzen Brett« in Gartenkolonien. Auch die meisten Gartencenter und Einkaufszentren haben solche Einrichtungen.

✔ Fragen Sie beim örtlichen Aquarienverein nach.

Auf keinen Fall sollten Sie überzählige Goldfische im nächsten Gewässer entsorgen und dar-

Verkaufsaquarien sollen klar sein. Sie sollten durch die Frontscheibe hineinschauen können.

auf hoffen, daß sie »ein glückliches Leben in Freiheit« führen. Gelangen die Goldfische in Gewässer, wo sie überleben können, ihre Feinde, wie Hecht oder Barsch, aber nicht vorkommen, tragen Sie zur Faunenverfälschung bei. Denn auf diese Weise überleben Tiere, die eigentlich nicht in unsere Gewässer gehören.

Wichtiges zum Kauf

✔ Besuchen Sie das Geschäft, in dem Sie die Fische kaufen möchten, mehrere Male vorher an verschiedenen Wochentagen. Oft werden die Verkaufsaquarien am Anfang jeder Woche total gereinigt und zum Wochenende neu besetzt. Wenn an jedem Tag alle Kriterien stimmen, ist die Chance groß, an den gekauften Fischen lange Freude zu haben.

✔ Fragen Sie nach der Wassertemperatur in der Verkaufsanlage. Meist liegt diese bei über 20 °C. Wenn Sie die Tiere zu Hause in ein Becken oder einen Teich setzen, dessen Wasser einen Temperaturunterschied von mehr als 5 °C aufweist, können die Fische Schwierigkeiten mit ihrem Stoffwechsel bekommen. Auch wenn Sie im Frühjahr Ihren Teich schnell besetzen wollen, sollten Sie damit warten, bis die Temperatur des Wassers ungefähr 15 °C beträgt. Bei tieferen Temperaturen gehen die Fische nicht ans Futter. Die beste Zeit, den Goldfischteich zu besetzen, ist meist, wenn die Freibäder öffnen.

Der Transport nach Hause

Ob Sie Ihre Goldfische gut nach Hause bringen, hängt von der Wassertemperatur und der Transportdauer ab. Bei hohen Temperaturen im Sommer brauchen die Goldfische mehr Sauerstoff, im Transportwasser ist jedoch weniger enthalten als bei niedrigeren Temperaturen. Durch den Streß beim Fangen und Transportieren benötigen die Tiere aber viel mehr Sauer-

TIP

Richtig einsetzen im Teich

✔ Einsetzen bei niedrigerer Wassertemperatur: Achten Sie darauf, daß der Temperaturunterschied zwischen Teichwasser und Wasser im Transportbeutel nicht mehr als 5° C beträgt. Es genügt, wenn Sie den Transportbeutel ungeöffnet auf der Wasseroberfläche im schattigen Teil des Teiches treiben lassen, bis sich nach zirka 30 Minuten die Temperaturen einander angeglichen haben. Dann öffnen Sie den Beutel vorsichtig und lassen die Fische waagerecht herausschwimmen.

✔ Einsetzen bei höherer Teichtemperatur: Öffnen Sie den Beutel, und mischen Sie vorsichtig das Teichwasser mit dem Wasser im Transportbeutel. Lassen Sie dann die Fische vorsichtig und waagerecht herausschwimmen. Der Beutel darf nicht auf der Teichoberfläche treiben. Die Sonne würde das Wasser darin schnell aufheizen, wodurch der Sauerstoffgehalt rapide abnimmt.

stoff als sonst. Sie können das an der schnelleren Kiementätigkeit leicht selbst erkennen. **Hinweis:** Lassen Sie auf jeden Fall größere Fische einzeln in große Beutel verpacken. Die Beutel sollten aber nur knapp über die Hälfte mit Wasser gefüllt sein. Sicher ist Ihr Zoofachhändler gerne bereit, Ihnen einen Karton zu geben, um die Beutel dunkel und liegend transportieren zu können. In einem liegenden Beutel ist der Wasserspiegel größer, und das Transportwasser kann sich während der Fahrt nach Hause wieder etwas mit Sauerstoff anreichern.

GARTENTEICH, MINITEICH, AQUARIUM

Goldfische sind eine recht anspruchslose Fischart, die sowohl im Haus als auch draußen im Teich gehalten werden kann. Trotzdem wollen die Fische artgerecht untergebracht werden, um sich wohl zu fühlen. Das ist mit manchem Aufwand verbunden.

Planung eines Goldfischteiches

Ein Goldfischteich ist nicht einfach ein Garten-teich, in den Sie Goldfische einsetzen. Er unter-scheidet sich in der Einrichtung von den übli-chen Gartenteichen. Dabei stehen die Bedürf-nisse der Fische im Vordergrund.
Hinweis: Wenn Sie sich entschlossen haben, aus Ihrem Gartenteich einen Goldfischteich zu ma-chen, dann ist der beste Termin Anfang Okto-ber. Der Teich muß geleert und von Mulm und Kies gereinigt werden. Dann gehen Sie wie bei der Neuanlage beschrieben vor (→ Seite 26).

Standort des Goldfischteiches

Bei einem Goldfischteich will man ungehindert das Geschehen im Teich beobachten. Ich emp-fehle deshalb, den Teich an einer Stelle des Gartens anzulegen, wo dies möglich ist. Bei einer tieferen Stelle sollten Sie direkt an den Teich herantreten können, um dem Treiben der Fische zuschauen zu können.
Ideal wäre ein Teich im Halbschatten. Ist das nicht möglich, dann tut es auch jeder andere

Ein Schwarm halbwüchsiger Schleierschwänze im Aquarium, bepflanzt mit Zwergsagittarien.

Platz. Ein der Sonne ungeschützt ausgesetzter, kleiner Goldfischteich sollte im Hochsommer mit einem Sonnenschirm vor Überhitzung be-wahrt werden.

Größe des Goldfischteiches

Das Wichtigste sind die Fische, und deshalb muß ein Goldfischteich eine überschaubare, leicht zu pflegende Größe haben. Ich empfehle einen Teich mit umlaufendem Teichrand, der etwa 1000 bis 3000 l Inhalt hat. Natürlich gilt: je größer, desto schöner. Aber ein größerer Teich ist im Herbst nur mit Mühe an einem Tag zu pflegen. Wollen Sie Ihre Goldfische im Win-ter im Teich lassen, muß dieser eine Tiefwasser-zone von ungefähr 1 qm haben und dort eine Mindesttiefe von 80 bis 100 cm aufweisen.

Der Fertigteich

Als idealen Goldfischteich empfehle ich einen Glasfaser-Fertigteich. Gartencenter und lei-stungsfähige Zoomärkte bieten heute eine große Vielfalt an Formen und Größen. Diese Teiche haben 3 Wasserzonen: eine Tiefwasser-zone, etwas abgesetzt auf halber Höhe eine Stufe für mittleren Wasserstand und eine um-laufende Uferzone.

Vorteil dieser Teichanlage ist, daß Sie den Teich jederzeit selbst einrichten können. Mit nachbarschaftlicher Hilfestellung läßt sich das leicht bewerkstelligen.

Der Folienteich

Durch das Auslegen mit einer Folie läßt sich aus »jeder Kuhle« ein Teich machen. Folienteiche sind preiswert sowie rasch und einfach anzulegen. Einlegen der Folie, → Seite 30, Holztröge abdichten. Allerdings sollten Sie spezielle Teichfolie verwenden.

Der Folienbedarf in qcm läßt sich wie folgt berechnen: Länge (in cm) plus zweimal die Tiefe (in cm) plus zweimal den Rand (= 50 cm) mal die Breite (in cm) plus zweimal die Tiefe (in cm) plus zweimal den Rand (= 50 cm).

Teich mit hochgelegtem Wasserspiegel

Ein solcher Teich ist einerseits bei Gärten mit felsigem Untergrund zu empfehlen, andererseits eignet er sich auch besonders gut zur Beobachtung der Goldfische. Sie graben nur für die Tiefwasserzone eine Mulde, setzen das Becken ein und stabilisieren die Teichform ringsherum so mit Hilfe von L-Steinen, daß der Beckenrand auf den Steinen aufliegt. Holzpalisaden oder eine Trockenmauer, hübsch bepflanzt, ver-

decken die L-Steine. Wenn Sie zwischen Palisaden und Teichrand einen Abstand von etwa 20 cm halten und diesen mit Mutterboden ausfüllen, haben Sie eine hervorragende Isolationsschicht gegen die Winterkälte.

Hinweis: An Hanglagen empfehle ich, wenn nötig, eine Stützmauer an der Talseite hochzuziehen. Sehr attraktiv sind aufgeschichtete Trockenmauern als Blende. Aus Stabilisationsgründen sollte die Mauer einen Neigungswinkel von 60° haben.

Technische Ausrüstung

Für einen Goldfischteich sind nur wenige, dafür aber um so wichtigere technische Elemente notwendig. Alle Geräte können bedenkenlos miteinander kombiniert werden.

✔ Der Oxydator kommt an die tiefste Stelle, er braucht keinen Stromanschluß. Sommer wie Winter sorgt er für genügend Sauerstoff im Teichwasser. Wenn er leer ist, treibt er an die Wasseroberfläche. Dann muß er wieder mit Wasserstoffperoxid gefüllt werden. Die Oxydatorflüssigkeit immer kühl aufbewahren.

✔ Eine Membranpumpe drückt Luft durch einen feinen Ausströmerstein. Dadurch ergibt sich eine geringe Umwälzung und Mischung der verschiedenen Wasserschichten. Die Pumpe ist ebenfalls Sommer wie Winter in Betrieb. Achten Sie darauf, daß sie nicht blubbert, sondern nur ganz fein perlt, sonst ist die Strömung zu stark.

✔ Im Winter verhindert ein Eisfreihalter (→ Seite 27), daß das Wasser völlig zufriert.

✔ Von Teichfiltern gibt es zwei Typen: Innenfilter: Hier bilden Kreiselpumpe und Filter eine Einheit. Das Schmutzwasser wird

Ein Teichfilter ist unentbehrlich
für die Wasserqualität.

Geeignete Pflanzen für den Gartenteich

Name	Aussehen	Ansprüche
Im Wasser		
Seekanne (Nymphoides peltata)	VI-VIII, Blüte leuchtend gelb. Wuchert, ideal für Aufwuchs von Fischbrut.	Sonnig bis halbschattig. Bis 50 cm Wassertiefe.
Afrikanische Wasserähre (Aponogeton distachyos)	III-X, Blüte weiß, nach Vanille duftend.	Sonnig. Pflege wie Seerose.
Kardinalslobelie (Lobelia cardinalis)	VIII-XI, nicht winterhart, außer in milden Wintern.	Sonnig. Wassertiefe 5-10 cm, kurzzeitig auch tiefer.
Weiße Seerose (Nymphaea alba) und Kultursorten	V-VIII, Zuchtformen V-X, Blüte weiß, Zuchtformen mit vielen Farben. Nicht alle Zuchtformen sind winterhart.	Sonnig bis halbschattig. Je nach Art bis 1,5 m Wassertiefe.
Wasser-Hahnenfuß (Ranunculus aquatilis)	V-VIII, Blüte weiß. Regelmäßig auslichten, im Herbst Blattwerk entfernen.	Geschützt. Sonnig bis halbschattig. Bis 60 cm Wassertiefe, algenhemmend.
Froschbiß (Hydrocharis morsus-ranae)	VI-VIII, Blüte weiß. Leicht zu vermehren durch Tochterrosetten.	Geschützt. Sonnig bis halbschattig. Verträgt keinen Kalk.
Krebsschere (Stratiotes aloides)	V-VIII, Blüte weiß. Leicht zu vermehren durch Tochterrosetten.	Geschützt. Sonnig. Reinigt das Wasser, hemmt Algenwachstum.
Rohrkolben (Typha latifolia) und andere	Höhe je nach Art 50-180 cm.	Geschützt, sonnig. Wassertiefe 0-50 cm, nährstoffzehrend, hemmt deshalb Algenwuchs.
Sumpfzone mit feuchtem Boden, ohne Staunässe		
Sibirische Schwertlilie (Iris sibirica)	V-VI, Blüte blauviolett. Bis 1 m hoch, bildet dichte Rasen. Viele Sorten.	Geschützt. Sonnig bis halbschattig. Verträgt keinen Dünger.
Pfennigkraut (Lysimachia nummularia)	VI-VIII, Blüte gelb, Bodendecker.	Sonnig bis halbschattig. Von fast trockenem Boden bis 15 cm Wassertiefe.
Gilbweiderich (Lysimachia vulgaris)	VI-VIII, Blüte goldgelb. Bis 1,5 m hoch, kann wuchern.	Sonnig bis halbschattig. Robust, aber empfindlich gegen Staunässe.
Sumpfzone		
Froschlöffel (Alisma plantago-aquatica)	VI-VIII, Blüte weiß. Bis 80 cm hoch, wuchert.	Sonnig bis halbschattig. Nährstoffzehrend, nach 2 Jahren Wurzelstock teilen.
Schwanenblume (Butomus umbellatus)	VI-VIII, Blüte rosaweiß. Bis 1,2 m hoch.	Sonnig. Muß im Wasser stehen.
Sumpfcalla, Drachenwurz (Calla palustris)	V-VII, Hochblatt ist weiß, Blüte ist gelblich. Bis 40 cm hoch.	Geschützt. Sonnig bis schattig. Leicht saurer Boden. Rote Früchte sind giftig.

*Blühende Seerosen, im Bild Zwergseerosen,
sind eine Zierde für jeden Goldfischteich.*

Pflegemaßnahmen

Der Goldfischteich wird einmal im Jahr, im Herbst, bevor das Laub fällt, gepflegt.
So gehen Sie vor:

✔ Vorsichtig den Seerosenkorb herausheben, es könnten sich junge Goldfische zwischen den Pflanzen versteckt haben. Dann das Wasser ablassen oder abschöpfen, bis es noch zirka 10 cm hoch über dem Sand steht.

✔ Fische in eine mit Teichwasser gefüllte Wanne setzen. Mit einem Tuch zudecken, damit sie nicht herausspringen können.

✔ Einen Ausströmerstein und den Oxydator in die vorbereitete Wanne geben.

✔ Fische sortieren. Überzählige Jungtiere und zu groß gewordene ältere Goldfische an befreundete Teichbesitzer oder andere Interessenten abgeben. Einige interessant gezeichnete Jungtiere würde ich im Aquarium im Wintergarten oder in der Wohnung überwintern. Es ist spannend, das Umfärben zu verfolgen.

✔ Zwei Drittel der Seerosenblätter entfernen und den Korb zurücksetzen.

✔ Den Teich wieder füllen, Wasseraufbereitungsmittel zugeben. Den Besatz für das nächste Jahr vorsichtig einsetzen. Den Ausströmer und den Oxydator wieder im Teich installieren.

Soforthilfe bei Pannen am Teich

Schaum auf dem Wasser: zuviel gefüttert; Fütterung einstellen, ein Drittel des Wassers wechseln.

Fische schießen im Teich umher: beginnende Vergiftung durch eingeschwemmten Dünger; Fütterung einstellen, zwei Drittel des Wassers wechseln, Frischwasser aufbereiten.

Fische blinken und legen sich beim Schwimmen auf die Seite: beginnende Pilzinfektion; Pilzmittel (Zoofachhandel) einsetzen.

Wasser ist grasgrün gefärbt: Vermehrung mikroskopisch kleiner Algen (Volvox); kein Was-

angesaugt, gereinigt und direkt in den Teich gedrückt. Vorteil dabei ist, daß es keine Schlauchverbindungen gibt.

Außenfilter: Hier steht nur die Pumpe im Wasser und drückt das Schmutzwasser über eine Schlauch- oder Rohrverbindung in den Außenfilter. Von dort läuft das saubere Teichwasser in den Teich zurück. Ein Vorteil ist, daß der Filter sehr groß angelegt werden kann; es könnte sogar ein Bach als biologischer Filter angeschlossen werden (→ Seite 29). Allerdings ist die Schlauchverbindung von der Pumpe zum Filter störanfällig, sie kann verstopfen. Wegen der Filtergröße vom Zoofachhandel beraten lassen.

serwechsel, Oxydator neu füllen, eventuell
UV-Wasserklärer im Fachhandel ausleihen.
<u>Wasser ist bernsteinfarben:</u> zuviel Herbstlaub
im Wasser, sehr niedriger pH-Wert; Wasser austauschen und Laub entfernen.
<u>Auf der Oberfläche treibende Luftblasen:</u> zuviel
Herbstlaub im Wasser, sehr niedriger pH-Wert;
Wasser langsam wechseln, Luftpumpe kontrollieren, Oxydator neu füllen.
Wichtig: Bevor Sie etwas am Teich unterneh-
men, unbedingt den Stecker ziehen!

Überwinterung

Der Oxydator und der Ausströmerstein sorgen
dafür, daß Ihre Fische auch im Winter bei stren-
gem Frost überleben. In besonders ungünstigen
Lagen kann ein Teichheizer nützlich sein. Er soll
keineswegs den Teich erwärmen, sondern nur

*Seerosen bieten mit ihren Blättern Schatten
und verhindern das Aufheizen des Wassers.*

um sich herum ein Loch offen halten. Bei
extremen Frostperioden ist die Kombination
aus Teichheizer und Eisfreihalter aus Styropor
(→ Seite 27) optimal.
Alle Kreiselpumpen müssen im Winter aus dem
Teich genommen werden, denn starke Strömung läßt das Wasser schneller abkühlen. Zu-
dem können Pumpen im Flachwasser einfrieren.
Achtung: Hacken Sie auf keinen Fall das Eis
auf, dadurch versetzen Sie die Goldfische nur
unnötig in Streß. Wenn Sie unbedingt ein Loch
im Eis brauchen, um einen Teichheizer anzu-
schließen, dann schaffen Sie dies ganz leicht
mit warmem Wasser.

Das brauchen Sie

Als Werkzeuge brauchen Sie Spaten, Schaufel, Maurerkelle, Wasserwaage, ein langes, stabiles Brett, Senkblei, einen Gartenschlauch und Bausand.

So wird's gemacht

1. Mit Hilfe der Formschablone, die den meisten Teichen beiliegt, die Umrisse auf den Gartenboden übertragen. Haben Sie keine Schablone, das Becken mit der Öffnung nach oben an den vorgesehenen Platz stellen. Den Fertigteich so aufbocken, daß die Beckenränder waagerecht liegen. Mit Hilfe des Senkbleis die Teichform übertragen und mit Steinen oder Schnur auf dem Gartenboden markieren. Ringsherum 30 cm dazugeben, damit Sie Platz zum »Einschlämmen« haben.

2. Die Mulde für die tiefste Beckenausbuchtung ausheben, dann die übrige markierte Teichgrube.

Wichtig: Die Teichgrube muß 15 cm breiter und 5 bis 10 cm tiefer sein als die jeweiligen Beckenausformungen.

3. Den Boden der tiefsten Mulde mit einer 5 bis 10 cm hohen Sandschicht bedecken und mit der Maurerkelle so festklopfen, daß sie eine waagerechte Ebene bildet. Die anderen Ebenen und Flächen genauso behandeln.

4. Den Fertigteich in die Teichgrube heben und die Oberkanten mit der Wasserwaage waagerecht ausrichten.

5. Alle Hohlräume unter und rund ums Becken mit Sand ausfüllen, damit die Teichform später nicht absinkt oder sich neigt. Zuerst die Zwischenräume rund um die tiefste Ausbuchtung mit Sand füllen. Den Sand fest andrücken, dann das Becken mit Wasser füllen! Um die eingebrachte Sandschicht zu verdichten, langsam Wasser einsickern lassen. Die übrigen Zwischenräume Zug um Zug in der gleichen Weise mit Sand und Wasser füllen.

Betretbarer Teichrand

Um die Goldfische besser beobachten zu können, muß der Teil, von dem aus Sie schauen wollen, mit Steinen unterfüttert werden. Dazu zuerst die tiefe Zone einschlämmen, dann faustgroße Kiesel einbringen (wenn nötig, die Grube etwas erweitern) und weiter einschlämmen. Das Ganze einige Zeit setzen lassen, dann möglicherweise nachfüllen, bevor Sie Gehwegplatten oder vielleicht eine Holzschwelle als Beobachtungsplatz einbauen.

Schutz vor Katzen

Um zu verhindern, daß Katzen beim Angeln Glück haben, sollten die Uferplatten zu einem Drittel über die Wasseroberfläche ragen. Die Katze kann so zwar bequem angeln, sie wird aber keinen Erfolg haben, da die Goldfische bis an den Rand schwimmen und unter der weit überstehenden Gehwegplatte Schutz vor den Krallen finden.

*Ein Eisfrei-
halter für den
Gasaustausch
auch bei Eis.*

Eisfreihalter

Ein Eisfreihalter aus speziellem Styropor wird im Herbst nach der Pflege des Teiches an einer tieferen Stelle eingesetzt und verhindert das völlige Zufrieren der Wasseroberfläche. Sauerstoff kann auch bei Eis in das Teichwasser gelangen und Kohlendioxid entweichen.

Versorgungsleitungen

✔ Falls Sie keine separate Wasserleitung legen wollen, ist es praktisch, vom nächsten Wasserhahn aus einen Gartenschlauch etwa 20 cm tief in den Boden einzugraben. An beiden Enden lassen Sie 1 m überstehen. Dort können Sie mit Schlauchkupplungen die Wasserzufuhr ankoppeln. Die Leitung braucht nicht frostsicher zu sein, da sie im Winter nicht benötigt wird.
✔ Für Strom und Sauerstoffzufuhr (Luftpumpe) ein Leerrohr (Durchmesser 6 bis 8 cm) verlegen. Das Gefälle muß vom Haus wegführen, sonst läuft Schwitzwasser zum Mauerwerk.
✔ Vom Fachmann für den Filter eine Dreifachsteckdose in Teichnähe installieren und ein separates Kabel für eine Teichbeleuchtung legen lassen.

Bepflanzung

Bepflanzt wird, noch bevor der Teich mit Wasser gefüllt ist. Ein reiner Goldfischteich benötigt keinen Bodengrund. Die Seerosen stehen in Körben direkt auf dem Teichgrund.
Die Pflanzen der mittleren Zone stehen in Körben auf der entsprechenden Stufe.
In die umlaufende Uferzone füllen Sie gewaschenen Kies der Körnung 3 bis 5 mm und setzen die Pflanzen ein. Ein Abrutschen in die nächst tiefere Zone verhindern einige grobe Kieselsteine an den entsprechenden Stellen.

Wasser einfüllen

Nachdem alles richtig plaziert ist, lassen Sie vorsichtig Wasser mit einem pH-Wert 7 (neutral) einlaufen und geben Aufbereitungsmittel zu.
Achtung: Bitte kein Regenwasser aus etwaigen Sammlern nehmen. Nach langer Trockenheit enthält der Regen mit Sicherheit viel Schmutz, der den Fischen schaden kann. Bei Dauerregen in den Teich geleitetes Regenwasser hat einen sehr niedrigen pH-Wert. Der Regen selbst schadet nicht, aber das Einleiten größerer Mengen über Abscheider aus Dachrinnen ist zuviel.
Den Filter zur Probe laufen lassen, auch wenn noch keine Fische im Teich leben. Jetzt könnten Fehler noch korrigiert werden.

Miniteiche

Ein Miniteich ist keine »Bonsai«-Ausführung eines Goldfischteiches, sondern ein spezieller Ausschnitt, in dem sich die Fische gut beobachten lassen. Ob voll oder zur Hälfte in den Boden eingegraben – sie sind äußerst attraktiv.

Terrasse und Garten

Der beste Standort liegt im Halbschatten. Ist der Miniteich längere Zeit der prallen Sonne ausgesetzt, würde sich das Wasser zu sehr erhitzen. Meist sind aber Markisen oder ähnliche Schattenspender vorhanden, die Wassertemperaturen von mehr als 25 °C verhindern helfen. Zu einem Miniteich können Sie Holzfässer, alte Badewannen oder Zuber umgestalten. Ihrer Phantasie sind keine Grenzen gesetzt.
✔ Mit ganz ebenerdigem Wasserspiegel fassen sie meist bis 1000 l.
✔ Als »Aufsitzteich« – nur die Tiefwasserzone ist eingegraben – hat er selten mehr als 500 l.
✔ Als freistehender Kübel oder Trog faßt er kaum mehr als 200 l.
Holztröge oder Glasfaserteiche können mit Holzbohlen zur Isolation verkleidet werden. Ideal ist ein Palisadenkranz im Abstand von 10 cm zur Teichwand. Diesen Zwischenraum können Sie aus-

schäumen, mit einem Sand-Stroh-Gemisch oder einfach mit Erde als Dämmung ausfüllen.
Achtung: Bringen Sie bei kleinen, ebenerdig eingelassenen Miniteichen im Anschluß an die Terrasse unbedingt einen Gitterzaun an, damit niemand versehentlich hineintritt!

Wintergarten

Die Miniteiche im Wintergarten haben selten mehr als 300 l und stehen direkt auf dem Fliesenboden. Auch wenn dort eine Fußbodenheizung eingebaut ist, brauchen Sie keine Bedenken zu haben. Normalerweise sind die Heizkabel nicht so eng verlegt, daß es zur Überhitzung kommt. Im Zweifel fragen Sie Ihren Fliesenleger oder Elektriker.
Miniteiche lassen sich wie oben offene Aquarien hervorragend mit den meist tropischen Zimmerpflanzen kombinieren (→ Zeichnung Seite 34). Die Pflanzen aus Hydrokulturen oder herkömmlich bepflanzten Blumenkästen an der Rückseite des Miniteiches bilden in kurzer Zeit mit den Pflanzen des Miniteiches eine Einheit. So tragen zum Beispiel die hereinwachsenden Ableger der Grünlilie mit ihren Wurzeln zur Reinhaltung des Wassers bei, da sie dem Teichwasser Schadstoffe entziehen.

Notwendige Technik

Die Technik für Miniteiche entspricht in etwa der Technik für einen Goldfischteich.
✔ Unverzichtbar sind der Oxydator (→ Seite 22) und eine schwache Luftpumpe (→ Seite 22).
✔ Je kleiner die Wassermenge, desto wichtiger ist der Filter. Verwenden Sie einen biologischen Filter. Er läßt sich besonders gut zwischen den Blumen verstecken. Der natürlichste biologische Filter ist ein Bach. Dieses

Bitterlinge bei der Paarung vor der geöffneten Malermuschel.

Junger Sarasa-Schleierschwanz in seiner
ganzen Farben- und Flossenpracht.

Reinigungssystem läßt sich überall nachbauen.
Für 1000 l Teichwasser brauchen Sie ein 1 m
langes, 2 Spaten breites und 1 Spaten tiefes
Bachstück. Es wird mit Kies (5 bis 7 mm Körnung) zu zwei Drittel gefüllt und mit Sumpf-
pflanzen so bestückt, daß diese immer versetzt
eingepflanzt werden. Dadurch muß das Wasser
um die Wurzeln herumlaufen. Die schwächste
Kreiselpumpe genügt, um das Wasser aus dem
Miniteich oder Teich in das Bachelement zu
pumpen. Je langsamer das Wasser läuft, desto
sauberer rieselt es in den Teich zurück.
Bei nicht zu starkem Fischbesatz läuft so ein
Bach-Biofilter 6 Monate ohne Pflege, also einen Sommer lang. Im Herbst nehmen Sie die
Pumpe aus dem Teich. Im Frühjahr wird der
Kies gewaschen und der Bach neu bepflanzt.

Im Innenbereich genügt für einen 500-Liter-
Miniteich ein breiter Blumenkasten mit 1 m
Länge, durch den das Wasser fließt. Die Bepflanzung entspricht der des Baches draußen.
Ein solcher Biofilter hat eine Laufzeit von etwa
3 Monaten ohne Pflegeaufwand.
✔ Auf eine zusätzliche Beleuchtung im Wintergarten kann verzichtet werden. Reicht der
Lichteinfall für Kübelpflanzen aus, dann auch
für einen Goldfischteich. Mit speziellen Halo-
genspots, leicht schräg von oben, lassen sich
tolle Effekte erzielen, wodurch die Schönheit
der Goldfische besonders zur Geltung kommt.

PRAXIS MINITEICH

Der ebenerdige Miniteich

Der »große Miniteich« mit ebenerdiger Wasser-
fläche wird genauso angelegt wie ein normaler
Goldfischteich (→ Seite 26).

Bepflanzung: Je kleiner der Teich ist, desto
wichtiger ist die Seerose. Mit ihren großen
Schwimmblättern spendet sie Schatten und verhindert das schnelle Aufheizen bei direkter Son-
neneinstrahlung. Der Seerosenkorb und – wenn
Platz vorhanden ist – ein zweiter Korb mit
Rohrkolben stehen an der tiefsten Stelle direkt
auf dem Teichboden.

Flachwasserzonen: Dafür gibt es im Handel
nierenförmige Gitterkörbe, mit denen Sie den
Teichrand bepflanzen können (→ Zeichnung).
Alternativ läßt sich die Randzone auch mit Kies
(Körnung 3 bis 5 mm) auffüllen und bepflanzen.
Mit einigen gröberen Kieseln können Sie verhin-

Pflanzkübel oder Tröge

Miniteiche in Trögen brauchen als
Bodengrund eine 7 bis 10 cm
dicke Schicht aus porösem,
gebranntem Lehm-Ton-
Gemisch, versetzt mit
Nährstoffen und Spuren-
elementen (Zoofach-
geschäft). Die Seerosen
und alle anderen Pflanzen
wurzeln direkt darin.

Randbepflanzung:

✔ Nierenförmiger Pflanzkorb,
das ist ein mit Lehm-Ton-Gemisch
gefüllter Bachkorb. Er wird in den Rand
eingehängt.

✔ Pflanztasche, ist eigentlich für die Be-
pflanzung von steilen Uferböschungen
gedacht. Sie paßt sich der entsprechenden
Randform noch besser an als der Nierenkorb.
In den Korb oder die Tasche werden die
Flachwasserpflanzen eingesetzt

dern, daß der Kies am Ablauf zur Tiefwasserzone
nach unten wegrutscht. In diesen meist dicht
bewachsenen Zonen paaren sich die Goldfische
besonders gerne, später finden dort die Jung
fische Schutz vor Freßfeinden und können
ungestört heranwachsen.

Holztröge abdichten

Holzgefäße unbedingt vor
dem Einrichten einige
Zeit wässern. Sie
quellen dabei
auf und
werden
dann nach
einiger Zeit
wieder dicht.

*Ein Pflanztrog im
Boden eingegraben
- als Miniteich
angelegt.*

Gegen undichte Tröge hilft eine dünne Teichfolie. Es genügt die billigste Folie. Berechnung des Folienbedarfs: einmal die Diagonale plus zweimal die Tiefe plus 30 cm für den Rand; dieser Wert im Quadrat.

So wird's gemacht: Die Folie locker in das saubere Faß legen. Sofort Wasser einlaufen lassen, um die Falten der Folie zuverlässig zu fixieren. Der Wasserdruck preßt die Folie in die richtige Form. Zugleich können Sie testen, ob die Folie dicht ist. Schlagen Sie die Folie über den Rand, und binden Sie sie mit einem Nylonband fest. Erst dann überflüssige Folie abschneiden.

Zinkwannen abdichten

Zinkblechwannen werden manchmal an den Nähten undicht. Hier hilft das Versiegeln mit speziellem Aquarien-Silikon (Zoofachhandel).

So wird's gemacht:
1. Die Wanne mit einem scharfen Wasserstrahl von Sand und Algen in den Nähten säubern. Keine Reinigungsmittel verwenden, Rückstände könnten den Fischen schaden.
2. Die undichten Stellen, am besten alle Nähte, mit Alkohol reinigen. Silikonkleber haftet nur auf sauberen Flächen.
3. Den Kleber in den Ritzen auftragen, dabei die Tube schieben, nicht ziehen!
4. Mit einem in Spülmittel getauchten Finger die Silikonschnur glätten. Zwei dünne Schichten haften besser als eine dicke Schicht.
5. Den Kleber 24 Stunden abtrocknen lassen. Dann nochmals eine Probefüllung.

3 Pflanzbeispiele für Miniteiche

10 bis 50 cm Wassertiefe	Wasseroberfläche	0 bis 25 cm Wassertiefe	Ufer-, Ampelpflanzen
Zwergseerose	Wasser-Hahnenfuß	Kardinalslobelie	Sumpf-Vergißmeinnicht
Zwergrohrkolben		Hechtkraut	Pfennigkraut
		Pfeilkraut	
Igelkolben	Froschbiß	Sumpf-Dotterblume	Sibirische Schwertlilie
Zungen-Hahnenfuß		Pfeilkraut	Kriechender Hahnenfuß
Zwergseerose		Sumpf-Schwertlilie	Wiesenschaumkraut
		Pfennigkraut	
Blutweiderich	Krebsschere	Froschlöffel	Gauklerblume
Seekanne		Fieberklee	Gilbweiderich
Kalmus		Hechtkraut	Sumpfziest

3 Pflanzbeispiele für das Erdfaß

	Wasserfläche	Sumpfzone
Beispiel 1	Rohrkolben, Pfeilkraut, Zwergseerose, Pfennigkraut	Fieberklee
Beispiel 2	Blutweiderich, Zungen-Hahnenfuß, Seekanne	Iris, Froschlöffel
Beispiel 3	Igelkolben, Kalmus, Wasser-Hahnenfuß, Bachbunge	Sumpf-Dotterblume

*Aus fast jedem wasserdichten Gefäß läßt
sich ein Miniteich zaubern.*

Pflegemaßnahmen im Miniteich

Sind die Fische gesund und wachsen die Pflanzen, dann braucht Ihr Miniteich wenig Pflege.
Ganz ohne geht es aber nicht; das tägliche Füttern ist die beste Kontrolle, ob Pflegemaßnah-
men eingeleitet werden müssen.
Eine Checkliste ist sehr hilfreich:
1. Sind die Fische gesund, oder sondern sich einige Teichbewohner ab und kommen nicht wie
gewohnt ans Futter? → Krankheiten, Seite 47.
2. Hat der Filter noch genügend Wasserdurch-
laß oder tröpfelt er nur noch? Kontrollieren Sie,
ob ein Seerosenblatt den Einlaß des Filters verstopft, und entfernen Sie dieses gegebenenfalls.

Wenn das nichts bringt, muß das Filtermaterial
ausgewaschen werden. Verwenden Sie dafür
nur lauwarmes Wasser (etwa 30 °C). Verzichten
Sie auf jeden Fall auf Desinfektionsmittel oder
Spülmittel, um die Filterbakterien nicht
abzutöten.
3. Arbeitet die Luftpumpe oder muß der Ausströmerstein ausgetauscht werden? Keramik-
ausströmer mit ihren feinen Poren können
durch Ausglühen über einer Gasflamme regene-
riert werden.
4. Schwimmt der Oxydator (→ Seite 22) oben
und muß neu gefüllt werden? Der Oxydator ist
ein spezielles Gerät, mit dem Sie das Wasser mit
Sauerstoff anreichern können. Im funktions-
fähigen Zustand befindet er sich unter Wasser.
5. Bei langer Trockenperiode Wasserstand
überprüfen und gegebenenfalls Wasser nachfüllen. Muß sehr viel Wasser nachgefüllt werden, Aufbereitungsmittel verwenden, um even-
tuelle Schwermetalle zu binden.
6. Ist der Nitrit-Nitrat-Gehalt, zum Beispiel
durch sich zersetzende Seerosenblätter oder
Ausscheidungen der Fische, sehr hoch, das
Wasser mit Zeolith (Zoofachhandel), das im
Säckchen in die Wasserströmung gehängt wird,
entgiften. Zeolith ist ein Aluminiumsilikat, das
wie ein Ionenaustauscher funktioniert.
7. Stark wuchernde Pflanzen, wie Zungen-
Hahnenfuß, zu Gunsten anderer, die unterstützt
werden sollen, zurückschneiden. Abgestorbene
Blätter nach Bedarf entfernen.
8. Alle 3 Monate durch langsames Überfluten
des Teiches etwa ein Drittel des Wassers austauschen. Das überlaufende Wasser kann
bedenkenlos im angrenzenden Rasen oder Blu-
menbeet versickern. Im Gegensatz dazu sollte
nach Möglichkeit kein Wasser vom frisch ge-
düngten Rasen in den Teich gelangen, da dadurch das Algenwachstum gefördert wird. Das
Frischwasser muß aufbereitet werden.

Vorbereitung auf den Winter

Im Herbst, bevor das Laub fällt, ist eine intensive Pflege notwendig. Dann muß der Teich geleert werden.

Hinweis: Im Fachhandel sind Netze erhältlich, mit denen man kleine Teiche gegen Laubfall schützen kann.

✔ Aquarium oder Wanne bereitstellen für die Teichbewohner und jeweils zur Hälfte mit Teichwasser und Frischwasser füllen. Ausströmerstein hineinhängen.

✔ Pflanzen herausnehmen.

✔ Das Wasser ausschöpfen und durch ein grobes Netz laufen lassen. Fische und Kleinlebewesen aus dem Netz ins vorbereitete Zwischenquartier setzen. Schöpfen ist schonender für die Fische als mit dem Netz nach Fischen zu fahnden.

Ein junger Shubunkin spielt mit einem Sarasa-Komet (im Bild vorn).

✔ Fische sortieren. Für überzählige und zu groß gewordene findet sich bestimmt im Bekanntenkreis ein großer Teich. Ich würde nur einige besonders schön gezeichnete Jungtiere fürs nächste Jahr im Aquarium überwintern.

✔ Pflanzen zurückschneiden und wieder in den Miniteich einsetzen.

✔ Kleinlebewesen, wie Schnecken oder Libellenlarven, in den Miniteich zurücksetzen.

✔ Die Luftpumpe wieder anschließen, sie sollte das ganze Jahr über ununterbrochen laufen.

✔ Den Ausströmerstein einhängen.

✔ Oxydator (→ Seite 22, 32) anbringen; er ist wichtig für die Kleinstlebewesen.

Aquarium

Für Größe und Standort gilt auch beim Aquarium: Der Wunsch ist Befehl, denn ein Aquarium läßt sich fast an jedem Standort realisieren. Goldfische können Sie in allen handelsüblichen Aquarien ab 60 l Inhalt problemlos pflegen.
Oben offene Würfelaquarien: Darin wirken Goldfische besonders schön. Ideale Größen sind 50 x 50 x 50 cm, 60 x 60 x 50 cm oder 60 x 60 x 60 cm. Im Wintergarten unter Sonnenlicht kommt die Schönheit der Schleierschwänze und vieler Harlekins am besten zur Geltung.
Wichtig: Unbedingt abzuraten ist von den sogenannten Goldfischkugeln. Selbst in großen Kugeln ist die Wasseroberfläche viel zu klein. Scheint ie Sonne auf eine Kugel, dann führt das sehr schnell zu Überhitzung, denn die kugelige Form bündelt Licht und Wärme.

Würfelaquarium und Zimmerpflanzen – eine reizvolle Hydrolandschaft.

Künstliche Pflanzen

Künstliche Pflanzen haben außer ihrer sehr dekorativen Erscheinung keinerlei biologischen Wert im Aquarium. Die modernen Seidenpflanzen sind allerdings von natürlichen Pflanzen kaum mehr zu unterscheiden, sie können Jungfischen Unterschlupf bieten. Ist im Goldfischaquarium der Schadstoffabbau durch hereinwachsende Ampelpflanzen, wie die Grünlilie, sichergestellt, können Sie auch dekorative Kunstpflanzen verwenden. Achten Sie aber darauf, daß diese keine Schadstoffe an das Wasser abgeben.

Bepflanzen der Rückwand

Damit wird eigentlich die Uferregion eines Teiches nachgestellt. Im Handel sind Rückwand-Elemente mit Naturstein-Dekor erhältlich. Sie werden senkrecht mit wenigen Silikonpunkten innen an die Aquarienrückseite geklebt. Die Rückwand-Elemente enthalten senkrechte Pflanzhöhlen in mehreren Ebenen übereinander. Diese füllen Sie mit porösem, gebranntem Lehm-Ton-Gemisch und setzen die Pflanzen direkt ein. Dadurch bleibt auf dem Boden mehr Schwimmraum für die Fische.
Die gleichen Elemente lassen sich zusätzlich auch über dem Aquarium anbringen. Mit etwas Phantasie gestaltet, scheint es, als ob bewachsene Felswände aus dem offenen Goldfischaquarium ragen.
Geeignete Hänge- oder Kletterpflanzen für die Rückwand-Elemente über dem Wasserspiegel sind Efeu, Efeutute *(Scindapsus spec.)* sowie der Eidechsenschwanz *(Saururus cernuus).*
Aquarien in Wintergärten brauchen meist keine Deko-Rückwände. Dahinter plazierte Trogpflanzen ergänzen die Aquarien-Dekoration im Durchblick. Allerding muß dann auch die Rückscheibe regelmäßig gereinigt werden.

Geeignete Pflanzen für Teich und Aquarium

Pflanzen für die Sumpfzone

Pfeilkraut *(Sagittaria sagittifolia)*	VI-VIII, Blüte weiß. Überwasserblätter ragen bis 40 cm über die Wasseroberfläche.	Sonnig bis halbschattig. Anspruchslos, Algenkonkurrent, Sauerstofflieferant.
Wasserfeder *(Hottonia palustris)*	V-VII, Blüte weiß bis violettrosa. Der 30-50 cm lange Blütenschaft ragt über das Wasser hinaus.	Geschützt. Sonnig, nicht leicht zu halten, weiches Wasser.
Fieberklee *(Menyanthes trifoliata)*	V-VI, Blüte rot. Bis 30 cm hoch.	Geschützt. Sonnig bis halbschattig, kalkarmer Boden.
Zungen-Hahnenfuß *(Ranunculus lingua)*	VI-VIII, Blüte goldgelb. Bis 70 cm hoch, wächst im Winter unter Wasser weiter.	Geschützt. Sonnig bis halbschattig. Anspruchslos, Algenkonkurrent.
Wasser-Knöterich *(Polygonum amphibium)*	VI-IX, Blüte rosa. Wuchert stark, im Herbst 90 % der Pflanzen entfernen.	Sonnig bis halbschattig, gedeiht bis 50 cm Wassertiefe, anspruchslos, nährstoffzehrend.
Igelkolben *(Sparganium spec.)*	VI-VIII, Blüte grünlich, bis 1,2 m hoch, beliebt bei Molchen, Libellen, Schmetterlingen.	Sonnig bis halbschattig, gedeiht auch im tieferen Wasser, anspruchslos, Wurzelwerk einkürzen.
Bachbunge *(Veronica beccabunga)*	V-X, Blüte blau, bildet Polster, wächst kriechend, wuchert.	Sonnig bis halbschattig, bevorzugt kalkhaltiges Wasser, verträgt keinen Torf.

Im Wasser

Sumpf-Wasserstern *(Callitriche palustris)*	IV-X, Blüte unscheinbar.	Sonnig bis schattig, bis 60 cm Wassertiefe, Sauerstofflieferant auch im Winter.
Feenmoos, Moosfarn *(Azolla caroliniana)*	Keine Blüte.	Sonnig bis halbschattig, algenhemmend, nicht winterhart.
Laichkraut *(Potamogeton spec.)*	VI-VIII, Blüte unscheinbar, bietet Versteck für Jungfische.	Manche Arten sind geschützt. Sonnig bis halbschattig, wächst überall im Teich, Sauerstofflieferant, wasserklärend, algenhemmend.
Wassernuß *(Trapa natans)*	Blüte weiß, Früchte sind eßbar, überwintern im Teich.	Geschützt. Sonnig bis halbschattig, bis 70 cm Wassertiefe, nährstoffzehrend.
Wasserhyazinthe *(Eichhornia crassipes)*	VIII-IX, Blüte hellviolett, blüht nur bei Wassertemperaturen über 20° C.	Sonnig, Überwinterung nur im Aquarium möglich.
Kleine Wasserlinse *(Lemna minor)*	Keine Blüte.	Sonnig, algenhemmend, verträgt nur Wassertemperaturen über 15° C, Überwinterung nur im Aquarium möglich.
Schwimmfarn *(Salvinia natans)*	Keine Blüte, vermehrt sich durch Sporen.	Sonnig, algenhemmend, verträgt nur Wassertemperaturen über 15° C, Überwinterung nur im Aquarium möglich.

Technik im Aquarium

Ein Goldfischaquarium ist ein Kaltwasseraquarium. Die Wassertemperatur wird durch die Raumtemperatur bestimmt, ein Heizer ist hier nicht nötig!

Filter

Sowohl Außen- als auch Innenfilter sind in der Wirkung gleich gut. Als Filtermaterial sind grobporige Schaumstoffe und grobes Substrat am besten geeignet, damit sich Bakterien für den biologischen Filter ansiedeln können. Watte ist ungünstig, denn sie verstopft zu schnell!
Achtung: Langsam laufende Filter mit großem Volumen sind optimal, da Goldfische und Schleierschwänze keine Strömung lieben. Schleierschwänze sind schlechte Schwimmer, der schöne Flossenbehang würde unter der Strömung leiden.

Beleuchtung

Bei den nach oben offenen Aquarien und Pflanzkübeln im Wintergarten kann unter Umständen auf eine zusätzliche Beleuchtung verzichtet werden. Das richtet sich nach den Anforderungen der Pflanzen, die um das Aquarium gruppiert sind.
✔ In jedem Fall genügt eine Hängeleuchte, um die ganze Aquarienlandschaft auszuleuchten.

✔ Besonders bewährt haben sich Quecksilberhochdrucklampen (HQL) mit 125 Watt (Zoofachhandel). Diese Birnen benötigen ein Vorschaltgerät, das aber meist eingebaut ist. Der Abstrahlwinkel des Leuchtenreflektors sollte zirka 90° betragen, der Abstand über der Wasseroberfläche 70 cm nicht unterschreiten.
✔ Von Reflektorlampen rate ich ab. Sie sind zu kurzlebig.
Beim Aquarium empfehle ich Mischlicht. Besonders bewährt hat sich eine Kombination der Lichtfarben 41 (Sonnenlicht) mit einem bläulich-violetten Farbton, der die roten Goldfische aufleuchten läßt, wenn sie unter das Licht schwimmen.
Die Beleuchtungszeit liegt bei allen Aquarien bei 12 bis 14 Stunden, die Sie am besten über eine Schaltuhr regeln. Lassen Sie sich im Zoofachhandel beraten.

Pflegemaßnahmen

✔ Bei der täglichen Fütterung Filter und Beleuchtung kontrollieren.
✔ Wöchentlich oder nach Bedarf werden mit einem Schaber oder Schwamm die Sichtscheiben gereinigt. Achten Sie darauf, daß kein Sandkorn zwischen Scheibe und Schwamm gerät, sonst gibt's Kratzer.
✔ Alle 2 Wochen ein Drittel des Wassers gegen entsprechend aufbereitetes Frischwasser austauschen. Lassen Sie sich im Zoofachhandel beraten. Beim Wasserwechsel den Mulm aus den Ecken absaugen (→ Seite 38).
✔ Alle 6 bis 8 Wochen den Biofilter lauwarm auswaschen; keine Reinigungsmittel verwenden, damit die Bakterienkultur erhalten bleibt.
✔ Nach Bedarf Pflanzen zurückschneiden.

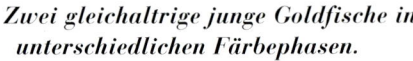

*Zwei gleichaltrige junge Goldfische in
unterschiedlichen Färbephasen.*

Algenpflege

Algen sind aus dem Teich oder Aquarium nicht
wegzudenken. Wenn sie auch oft nicht gut
aussehen, gehören sie doch dazu.
Algen werden nur dann zur Plage, wenn ein
Überangebot an Nährstoffen - zum Beispiel im
Frühjahr - von den Wasserpflanzen nicht abgebaut werden kann. Achten Sie deshalb beim
Bepflanzen auf eine natürliche Pflanzenvielfalt.
Angaben über Algenkonkurrenz finden Sie in
den Pflanzentabellen Seite 23 und 35. Die
natürlichen Freßfeinde der Algen in Aquarium
und Teich sind die Schnecken (→ Seite 16) und
Bitterlinge (→ Seite 14).
Chemische Algenvernichter: Die Präparate
enden mit -cit oder -cid; davon rate ich ab.
Es handelt sich dabei immer um Gift, das auch
das Pflanzenwachstum beeinträchtigen kann.

Diese jungen »Harlekine« versprechen, eine
herrliche Blaufärbung zu bekommen.

Die im Zoofachhandel angebotenen Algenhem-
mer sind oft sehr wirksam, wenn sie genau
nach Anweisung eingesetzt werden. Meist handelt es sich um Flüssigkeiten auf Torf- oder
Strohbasis, die den pH-Wert absenken. Selbst-
verständlich dürfen Algenmittel und Dünger nie
gemeinsam eingesetzt werden.
Die im Hochsommer manchmal im Teich entste-
henden watteartigen Fadenalgen verschwinden
meist nach einem starken Regenguß von selbst.
Sie lassen sich mit einem Rechen zwar leicht
entfernen, die Gefahr, unzählige Jungfische und
Kleinorganismen wie Schnecken mit herauszu-
heben, ist aber sehr groß.

Transport und Aufstellen

Messen Sie vor dem Kauf genau aus, welche Plätze für das Goldfischaquarium in Frage kämen. Mit den Maßen in der Hand berät Sie Ihr Zoofachhändler gerne.

Transport: Dabei müssen Sie die Ecken des Beckens unbedingt mit Decken, Styropor oder Karton sichern. Transportschäden führen immer zu unnötigen Diskussionen.

Unterbau: Er muß stabil sein. Ein Aquarium von 50 x 50 x 50 cm hat einen Inhalt von 125 l. Allein das Wasser (ohne das Glas) wiegt bereits 125 kg. Die Aquarienschränke der namhaften Hersteller halten diese Gewichte problemlos aus. Im Wintergarten kann man aus Gasbetonsteinen zuverlässige Unterbauten kleben und dann entsprechend verkleiden.

Aquarien mit Zierrahmen an der Bodenfläche stehen direkt auf dem Unterbau.

Stellen Sie alles bereit, bevor Sie das Becken einrichten.

Der Mulmabsauger

Mit Hilfe dieses Gerätes (Zoofachhandel) können Sie bei einem Wasserwechsel gleichzeitig den auf dem Sand abgesetzten Mulm entfernen.

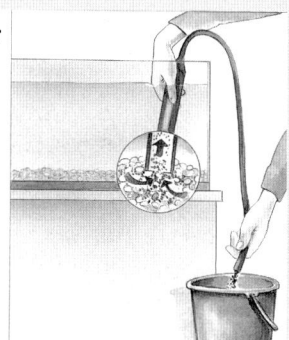

Ganzglasaquarien ohne Zierkanten müssen auf Styropor oder entsprechenden Unterlagen aus dem Fachhandel stehen, das verlangen die Versicherungen. Ein kleines Sandkorn, das versehentboden geraten ist, würde das Aquarium ohne Unterlage zum Platzen bringen.

Aquarium einrichten

Das Aquarium wird an seinem endgültigen Standort eingerichtet. Obwohl heute undichte Aquarien höchst selten sind, empfehle ich immer eine Probefüllung, um sicher zu gehen.

Bodengrund: kalkfreier, gewaschener Aquariensand, meist Quarzsand. Im Gegensatz zu Kies nimmt Sand kaum Schmutzpartikel auf.

Dekoration: Schöne abgerundete Kieselsteine bis Faustgröße lassen sich mit flachem, abgerundetem Granitbruch zu Unterwasserlandschaften kombinieren.

Zur Gestaltung der Rückwand: → Seite 34.

Hinweis: Ein »Trockentraining« mit den Deko-Elementen im leeren Aquarium ist hilfreich und verschafft einen Eindruck vom späteren Aussehen. So lassen sich zeitraubende Fehler ausschalten. Beachten Sie, daß das später eingefüllte Wasser optisch verkürzt. Lassen Sie also lieber etwas Raum frei. Später können Sie dies immer noch ändern.

So gehen Sie vor

1. Bodengrund: Sand oder Kies waschen. Den Bodengrund so einbringen, daß er nach hinten etwas ansteigt. Terrassen (Zoofachhandel) verhindern das Abrutschen.

2. Pflanzen einsetzen:
Stengelpflanzen, deren Wurzeln aus den Blattachseln treiben, flach auf den Boden legen, so daß die Enden frei bleiben, und das untere Drittel mit einem Kieselstein beschweren.
Für Rosettenpflanzen (alle Blätter kommen aus einem Herz) eine flache Mulde in den Sand drücken, die Pflanze hineinstellen und die Wurzeln mit Bodenmaterial bedecken. Die Wurzelpartie mit mehreren Kieselsteinen abdecken zum Schutz gegen das Ausgraben durch die Goldfische.

3. Filter installieren: Den Außenfilter an den endgültigen Standplatz stellen, den Ansauger an der Rückwand, zum Beispiel links, und den Rücklauf ebenfalls an der Rückwand, aber dann rechts, installieren. Von dort soll das Wasser unterhalb des Wasserspiegels waagerecht von hinten nach vorne fließen. Es soll keine Luftbläschen mit ins Wasser reißen. Die Schläuche bitte so zuschneiden, daß kein Knick den Durchfluß behindert.

Den Innenfilter in ähnlicher Weise installieren.

4. Wasser einfüllen: Mit einer Gießkanne das Wasser über eine Styroporplatte laufen lassen, um den Bodengrund nicht aufzuwirbeln. Wasseraufbereitungsmittel zugeben.

5. Filter in Betrieb nehmen: Am Rücklaufschlauch ansaugen und warten, bis das im Filter aufsteigende Wasser die Luft aus dem Behälter gedrückt hat. Erst jetzt den Filter an den Strom anschließen. Zu starke Strömung reduzieren.

6. Fische einsetzen: Frühestens nach 3 Tagen, wenn das Wasser klar ist, die Fische einsetzen. Den Plastikbeutel mit

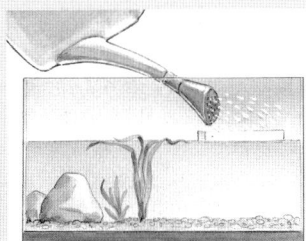

Das Styropor steigt mit dem Wasser in die Höhe.

den Fischen auf die Wasseroberfläche legen und warten, bis sich die Temperaturen einander angeglichen haben. Darauf achten, daß der Beutel nicht durch Lampen aufgeheizt wird. Dann den Beutel öffnen, langsam mit Aquarienwasser füllen und die Fische herausschwimmen lassen.

Pflanzbeispiele für das Aquarium

Abgedecktes Aquarium	
Vordergrund	Zwergkalmus
Mittelgrund	Wasserähre, Thailändische Hakenlilie, Tigerlotus, Zwergseerose, Teichrose, Pfeilkraut, Wasserpest, Zwergspeerblatt, Pfennigkraut, Javafarn
Hintergrund	Riesenvallisneria
Wasseroberfläche	Eichenlaubfarne, Hornfarne
Rückwand	Javafarn, Afrikanisches Zwergspeerblatt, Pfennigkraut
Offenes Aquarium	
Vordergrund	Zwergkalmus, Riesenvallisneria
Mittelgrund	Herzblättriger Wasserwegerich, Wasserähre, Zwergseerose, Kardinalslobelie
Wasseroberfläche	Eichenlaubfarne, Hornfarne, Muschelblume
Rückwand (unter die Wasserlinie)	Javafarn, Wasserpest, Pfeilkraut, Zwergspeerblatt, Pfennigkraut, Großes Papageienblatt, Fettblatt, Indischer Wasserfreund, Kardinalslobelie

RICHTIGE HALTUNG VON GOLDFISCHEN

Wer farbenprächtige, gesunde Goldfische über Jahre halten will, muß sie abwechslungsreich ernähren und durch richtige Pflege Krankheiten vorbeugen. Nur dann werden die Weibchen auch im Frühjahr genügend Laich ansetzen, aus dem gesunde Jungtiere schlüpfen.

Die richtige Ernährung

Goldfische sind unentwegt unterwegs auf der Suche nach Freßbarem. Wenn sie im Miniteich oder Aquarium gehalten werden, kann es leicht passieren, daß sie mehr fressen, als ihnen gut tut. Deshalb ist es hier enorm wichtig, die Goldfische und speziell die Schleierschwänze nicht zu überfüttern.

Im Teich draußen wird das Futter durch Mückenlarven und Ballaststoffe in Form von unverdaulichen Pflanzenfasern ergänzt. Außerdem haben die Goldfische dort mehr Bewegung. Im Winter werden die Fische im Teich nicht gefüttert. Unter 10 °C Wassertemperatur läuft ihr Stoffwechsel auf Sparflamme, aufgenommenes Futter können sie nicht mehr verdauen. Sie bauen den »Sommerspeck« ab.

Große Goldfische heranzufüttern, ist keine Kunst, denn der Goldfisch ist ein Allesfresser. Brotreste und Speiseabfälle sind jedoch als Goldfischfutter nicht geeignet. Verdauungsstörungen, Stoffwechselerkrankungen und Geschwüre sind vorprogrammiert.

Goldene Schleierschwänze im Aquarium, das mit Pfennigkraut und Vallisnerien bepflanzt ist.

Trockenfutter

Dieses Futter wird in Flockenform, als Sticks (länglich) oder Pellets (rund) angeboten. Aus der Form oder Farbe des Futters kann man leider nicht auf die Qualität schließen. Allerdings können Sie den Angaben namhafter Hersteller vertrauen.

✔ Im Angebot ist meist ein Allgemeinfutter (Futtermischung), mit dem die im Aquarium gehaltenen Goldfische das ganze Jahr über ernährt werden können.

✔ Bei im Teich gehaltenen Goldfischen ändert sich der Nährstoffbedarf im Verlauf eines Jahres. So brauchen Goldfische im Frühjahr nach der winterlichen Hungerzeit mehr tierisches Eiweiß, um genügend Laich anzusetzen. Im Sommer finden sie lebende Futtertiere, meist rote oder schwarze Mückenlarven. Zu dieser Zeit brauchen sie ein Trockenfutter, das nicht so gehaltvoll ist. Für diesen speziellen Bedarf bietet der Zoofachhandel ein der Jahreszeit gerechtes Futter an.

✔ Zum Sortiment gehören auch Staubfutter für Jungfische oder der Fischgröße entsprechendes Flockenfutter, wie Standardflocken für heranwachsende und Großflocken für erwachsene Goldfische.

Flocken, Sticks oder Pellets?

Die wesentlich dünneren Flocken sind von den Goldfischen leichter aufzunehmen. Allerdings muß der Fisch sehr viel mehr fressen als bei Sticks oder Pellets. So erweckt sein Freßverhalten den Eindruck, als ob Flocken besser wären. Außerdem verführen Flocken leicht dazu, eine Handvoll unkontrolliert in den Teich zu werfen. Während Sticks, die nicht gefressen werden, noch Tage an der Wasseroberfläche treiben, sinken Flocken nach kurzer Zeit zu Boden und werden nur in den seltensten Fällen noch gefressen.

Wichtig: Egal, welches Futter Sie geben, füttern Sie nur soviel, wie sofort gefressen wird. Überzählige Flocken verstopfen den Filter und können durch Zersetzungsprozesse zur Verschlechterung der Wasserqualität beitragen. Nährstoffüberschuß führt zu Algenproblemen (→ Seite 37). Nicht gefressene Sticks und Pellets, die durch die Strömung in eine Ecke getrieben werden, können Mäuse und Ratten anlocken.

Lebendfutter

Dieses Futter wird von allen Goldfischen gerne gefressen. Wenn Sie in Ihrer Regentonne Wasserflöhe *(Daphnia)* oder Hüpferlinge *(Cyclops)* entdecken, können Sie diese verfüttern. Unbedenklich sind alle Mikroorganismen, die sich im Wasser ruckartig fortbewegen.

Hüten Sie sich davor, aus einem Weiher Fischfutter zu fangen!

✔ Die wenigsten Gewässer sind fischfrei, dadurch können Sie typische Fischkrankheiten einschleppen.

✔ Nach dem Naturschutzgesetz ist es verboten, Futtertiere Gewässern der Natur zu entnehmen.

Achtung: Unbedingt abzuraten ist von Bachröhrenwürmern *(Tubifex)*. Sie werden in großen Mengen aus dem Schlamm großer Flüsse gewaschen. Dort haben sie alle Schadstoffe des Wassers aufgenommen und sind daher Krankheitsträger erster Ordnung.

Frostfutter, meist tiefgefrorene Mückenlarven, ist im Aquarium ein sehr gutes Ergänzungsfutter und somit ein vollwertiger Ersatz für Lebendfutter. Tauen Sie das gefrorene Futter vor dem Verfüttern in einer Schale auf. Die Goldfische würden sonst zu große gefrorene Partikel hinunterschlucken. Die Folge wären Verdauungsstörungen.

Richtig füttern

Im Goldfischteich draußen beginnen die Fische erst bei Wassertemperaturen von mehr als 10 bis 12 °C zu fressen.

✔ Nach Möglichkeit sollte immer die gleiche Person zur gleichen Zeit füttern.

Beim Füttern können Sie kontrollieren, ob alle Fische wohlauf sind.

✔ Mehrere kleine Portionen sind besser als eine große Portion. Nur so können Sie beobachten, ob auch alle Teichbewohner zur Stelle sind.

Im Miniteich und Aquarium sollten Sie die Futtermenge auf die Bedürfnisse der Schleierschwänze abstellen. Sie sind durch ihre verkürzte Körperform etwas empfindlicher. Da sie sich weniger bewegen, verbrauchen sie auch weniger Energie. Ständig überfressene Schleierschwänze sind anfällig für Krankheiten.

✔ Verfüttern Sie Flockenfutter. Es kann sein, daß Schleierschwänze Sticks oder Pellets unzerkaut verschlucken. Im Verdauungstrakt quellen diese auf und bewirken durch die gedrungene Körperform oft Blähbäuche.

✔ Wählen Sie die einzelnen Futterportionen noch kleiner als bei normalen Goldfischen.

✔ Das Futter muß mehr pflanzliche Stoffe, also Ballaststoffe, enthalten, um die Verdauung zu unterstützen. Füttern Sie vermehrt die grünen Pflanzenflocken.

✔ Alle 3 Tage ein Hungertag schadet nicht.

✔ Reichen Sie hin und wieder Vitamine und Spurenelemente. Diese Futterzusätze machen Goldfische widerstandsfähiger und helfen ihnen, von selbst wieder gesund zu werden.

Füttern während des Urlaubs

Während Ihres Urlaubs würde ich den Goldfischen eine Hungerpause verordnen. Bis zu 4 Wochen können sie im Teich ohne Fütterung auskommen. Sie nehmen keinen Schaden, denn für diese kurze Zeit gibt es genügend Insekten und anderes Freßbares im Teich.

Im Miniteich oder offenen Aquarium im Wintergarten halten die Goldfische bedenkenlos 14 Tage aus. Bei längerer Abwesenheit ist ein Futterautomat zu empfehlen.

Wichtig: Versuchen Sie nicht, auf Vorrat zu füttern. Die im Handel angebotenen Ferienfuttersorten sind für Goldfische völlig ungeeignet.

VERSORGUNG IM URLAUB

Damit während der Zeit Ihrer Abwesenheit bei den Goldfischen nichts passiert, sollten Sie folgende Punkte beachten:

✔ *Fische in den Tagen vor Ihrem Urlaub nicht zu mästen versuchen.*

✔ *14 Tage vor Urlaubsantritt ein Drittel des Wassers (beim Teich durch Überlaufenlassen) austauschen.*

✔ *Keine neuen Fische mehr einsetzen. Im Falle einer eingeschleppten Krankheiten könnten Sie nicht rechtzeitig reagieren.*

✔ *Sauerstoffpumpe überprüfen, gegebenenfalls Ausströmerstein austauschen oder regenerieren (→ Seite 32).*

✔ *Oxydator neu füllen.*

✔ *Filter kontrollieren, gegebenenfalls reinigen.*

✔ *Die Schaltuhr der Aquarienbeleuchtung kontrollieren.*

✔ *Falls Sie jemanden mit der Fütterung beauftragen, für genügend gewohntes Futter sorgen.*

✔ *Dem Pfleger die richtige Futtermenge zeigen, damit nicht zuviel gegeben wird. Füttern zusammen üben.*

✔ *Hinterlassen Sie für Notfälle die Telefonnummer Ihres Zoofachhändlers.*

Zwei Perlschupper, gekreuzt mit Shubunkin oder Calico-Goldfisch.

Kinder und Goldfische

Kinder lieben Goldfische. Babys, selbst wenn sie noch nicht stehen können, sind schon fasziniert von ihnen. Ein großes, hell beleuchtetes Aquarium mit Schleierschwänzen zieht die Kinder so in seinen Bann, daß sie versuchen, mit Händen, Nase und Mund an das Glas heranzukommen, um den Fischen ganz nahe zu sein. Sie ahmen mit dem Mund die Kiemenbewegungen der Fische nach und versuchen, sie zu berühren. Solange sie mit der flachen Hand auf die Scheiben klopfen, sollten Sie das unbedingt dulden. Diese Eindrücke vergißt ein Kind in seinem ganzen Leben nicht mehr.

Viele Kinder können nur bei Licht einschlafen, weil sie in der Dunkelheit Angst haben. Ein beleuchtetes Goldfischaquarium in Sichtweite des Bettes kann wahre Wunder bewirken. Beim Beobachten der Fische fallen den Kindern schnell die Augen zu. Das Verlöschen des Lichtes wird dann über eine Schaltuhr geregelt.

Feinde der Goldfische

Natürlich haben Goldfische auch viele Feinde. Ein Goldfischweibchen entläßt bis zu 4000 Eier ins freie Wasser. Davon erreichen im Teich vielleicht 100 Jungfische das Erwachsenenalter. Der Rest fällt natürlichen Feinden zum Opfer.

✔ Eier und kleine Goldfische stehen auf der Beuteliste vieler Laichräuber, wie Libellenlarven, Rückenschwimmer, Gelbrandkäfer oder halbwüchsiger Goldfische. Sie bilden so einen Teil der Nahrungskette im Goldfischteich.

✔ Ein Hauptfeind in Haus und Garten ist die Katze. Sie verfolgt dabei keine bösen Absichten, sie ist genauso von den Goldfischen angetan wie der Mensch und versucht, sie nach Katzenart mit den Krallen zu fangen. Verhindern Sie auf jeden Fall, daß die Katze die Abdeckung des Aquariums als Ruheplatz erwählt. Auch sollte sie keine Möglichkeit haben, im Aquarium oder Miniteich zu angeln. Im Teich können Sie es nicht ganz verhindern. Sie können aber dafür sorgen, daß sie keinen Erfolg hat (→ Seite 26).

✔ Bei großen Teichen ist der Graureiher ein natürlicher Feind. Er schafft es, einen Teich komplett leer zu fischen. Verwehren Sie ihm durch Drahtzäune den Zugang zu Flachwasserbereichen. Füttern Sie nach Möglichkeit die Fische in der Teichmitte.

✔ Auch Eisvögel, Möwen oder Kormorane zählen als Fischfresser zu den Feinden der Goldfische. Sie haben aber nur regionale Bedeutung. Erkundigen Sie sich bei Bedarf im Zoofachhandel, was Sie tun können.

10 Goldene Regeln
für Kinder

1 Kinder dürfen das Aquarium berühren, aber nicht daran klopfen. Goldfische nehmen die Erschütterungen über das Seitenlinienorgan (→ Seite 53) wahr. Es ist für sie wie Kitzeln.

2 Kinder dürfen nur in Anwesenheit eines Erwachsenen füttern.

3 Geben Sie den Goldfischen Namen. Kinder wollen jeden Tag ihren Fisch begrüßen und nachschauen, ob es ihm gut geht.

4 Sagen Sie den Kindern, was Männchen und Weibchen sind. Sie merken sich das an der Farbzeichnung der Fische oder an anderen, nur Kindern wichtigen Merkmalen.

5 Klären Sie Kinder über die Folgen falscher Ernährung auf, wie Blähbauch bei Schleierschwänzen.

6 Achten Sie darauf, daß Kinder zahme Goldfische nicht herausfangen, um sie zu streicheln. Die Fische bekommen keine Luft mehr und ersticken, außerdem wird die Schleimhaut verletzt.

7 Erklären Sie Kindern, daß im Teich gehaltene Goldfische im Winter nichts zum Fressen bekommen dürfen, weil bei tiefen Temperaturen die Verdauung nicht funktioniert.

8 Goldfische halten unter dem Eis eine Art Winterschlaf, wobei sie nicht gestört werden sollten. Deshalb im Winter das Eis des Gartenteiches nicht betreten.

9 Keine Steine in den Teich werfen, die Fische könnten verletzt werden. Außerdem meinen sie, es gibt Futter, und sind enttäuscht, wenn nichts Freßbares kommt. Auch zum wirklichen Futter kommen sie dann nicht mehr.

10 Alle technischen Geräte müssen so untergebracht sein, daß Kinder nicht daran hantieren können.

Pflege rund ums Jahr

Zeit	Im Teich	Im Miniteich	Im Aquarium
Täglich	Füttern, dabei darauf achten, ob alle Fische zum Futter kommen. Eventuell angeschlossene Technik kontrollieren.	Füttern, dabei Kontrolle des Filters. Fische, die nicht zum Futter kommen, auf Krankheitssymptome untersuchen. Verdunstetes Wasser ergänzen.	Füttern, dabei Kontrolle von Filter und Beleuchtung. Fische, die nicht zum Futter kommen, auf Krankheitssymptome untersuchen.
Wöchentlich	Verdunstetes Wasser ersetzen.		Mit Schaber oder Schwamm die Sichtscheiben reinigen.
14tägig			Ein Drittel des Wassers wechseln, dabei Mulm aus den Ecken saugen, Frischwasser mit Aufbereitungsmitteln versetzen.
Vierteljährlich	Zirka ein Viertel des Wassers durch langsames Überlaufenlassen austauschen.	Zur Halbzeit der Miniteichsaison durch langsames Überlaufenlassen die Hälfte des Teichwassers austauschen, das Frischwasser aufbereiten.	Biofilter lauwarm auswaschen, keine Reinigungsmittel verwenden, damit die Bakterienkultur nicht zerstört wird.
Halbjährlich		Im Herbst: → Seite 32. Im Frühjahr: → Seite 32.	
Jährlich	Im Herbst: → Seite 25. Im Winter: → Seite 25. Im Frühjahr: Technische Geräte überprüfen, ein Drittel des Teichwassers austauschen.		Leuchtstoffröhre wechseln, da die Leuchtkraft nach 12 Monaten wesentlich nachläßt. Pflanzen sind dann nicht mehr so buschig, sondern bekommen lange Triebe (»vergeilen«).

Krankheiten beim Goldfisch

Goldfische sind äußerst robuste Fische. Unter optimalen Bedingungen können sie sehr alt werden. 10 bis 20 Jahre sind keine Seltenheit.

So sieht ein gesunder Goldfisch aus:

✔ Der Goldfisch ist grob gesehen rundlich, die Schleimhaut am Körper ist transparent. Der After ist geschlossen, der graubraune Kot wird in kurzen Stücken ausgeschieden. Weißlicher oder durchscheinender Kot in langen Schnüren kann auf eine Krankheit hinweisen.

✔ Die Flossensäume sind abgerundet, in oder auf den Flossen finden sich keine weißen Anhängsel oder watteartigen Wucherungen.

✔ Von vorne gesehen, ist die Stirn rund, die Partie über den Augen darf nach oben keineswegs spitz zulaufen. Solche Tiere nennt man »Schneider«, sie sind unterernährt. Nach einem strengen Winter im Teich kann das normal sein, denn dann haben die Tiere zuviel Fett abgebaut. Sie erholen sich aber bei guter Fütterung sehr schnell.

Hinweis: Kaufen Sie keine sogenannten »Schneider«. Durch das Fangen und Umsetzen in eine neue Umgebung kommen zur Unterernährung leicht Schwächeparasiten (→ Seite 50) dazu. Ein geschwächter Fisch kann alle übrigen Fische im Teich anstecken.

Achten Sie auf zwei Schwachpunkte der Fische:

✔ Die Verdauung der Schleierschwänze ist sehr anfällig. Gesunde und abwechslungsreiche Ernährung, sauberes Wasser und regelmäßige Pflege (→ Tabelle Seite 46) sind die beste Vorsorge vor Verdauungsstörungen.

✔ Die Flossen sind bei allen Goldfischen empfindlich. Der Goldfisch kann zwar auch in sauerstoffarmen Gewässern einige Zeit überleben. Dabei werden aber die oft lang ausgezogenen Flossen nicht mehr ausreichend durchblutet und sterben ab. An den ausgefransten Flossenstrahlen siedeln sich Parasiten an, die bekämpft werden müssen. Herrschen wieder bessere Umweltbedingungen, heilen die Flossenschäden schnell wieder ab.

Anfällige Schleimhaut

Ein wichtiges Atmungsorgan der Fische ist die Schleimhaut. Da sich die meisten Parasiten und Krankheitserreger zuerst auf der nahrhaften Schleimhaut festsetzen, wehren sich die Fische gegen Verletzungen mit vermehrter Schleimhautbildung. Oft werden ganze Hautpartien abgestoßen, wodurch die Atmung beeinträchtigt wird. Medikamente verhindern Entzündungen und unterstützen den Heilungsprozeß.

Mit der Zeit können Goldfische so zahm werden, daß sie aus der Hand fressen.

Um die Atmung zu erleichtern, sollten Sie den Sauerstoffgehalt des Wassers erhöhen. Das geschieht am besten durch einen Oxydator (→ Seite 22) oder einen fein perlenden Ausströmerstein (→ Seite 22).

Schürfwunden

Eine interessante Eigenart ist bei Schleimhautverletzungen häufiger zu beobachten: Hat ein erwachsener Goldfisch eine Schürfwunde erlitten, heilt die Wunde ziemlich schnell zu. Die Stelle verfärbt sich aber schwarz. Während des Heilungsprozesses ist der gleiche Umfärbungsablauf zu beobachten, wie beim jungen Fisch. Der tiefschwarze Fleck verfärbt sich über Golden zu Rot oder zur ursprünglichen Färbung, Narben und Bißwunden werden häufig weiß.

Goldfische sind ausgesprochen neugierig und untersuchen alles auf seine Freßbarkeit.

Wie Krankheiten verlaufen können

Krankheitserreger, wie Mikroorganismen, Pilze, Bakterien oder Viren, kommen in den meisten Biotopen vor, egal welche Größe sie haben. Werden nun die Fische durch Umsetzen, Veränderung der Wasserzusammensetzung oder Temperatur geschwächt, können die Erreger aktiv werden und die Fische befallen; eine »Seuche« bricht aus, die bekämpft werden muß. Bakterielle Erkrankungen sind schwer zu bekämpfen, da Antibiotika im Teich kaum anzuwenden sind. Deshalb sollten Sie sich ein entsprechendes Mittel im Zoofachhandel besorgen, um zu verhindern, daß sich die Mitbewohner anstecken. Die gleichen Mittel verhindern auch eine weitere Entzündung der Wundränder und unterstützen die Heilung.

Hinweis: In vielen Fällen hat es keinen Sinn, nur einen erkrankten Fisch herauszufangen. Es muß immer der gesamte Fischbesatz behandelt werden.

Bei sinkenden Temperaturen kommen viele »Krankheiten« zu einem gewissen Stillstand, weil sich Erreger auf der Haut verkapseln und so den Fisch nicht weiter beeinträchtigen. Die Fische scheinen zu gesunden. In diesem Zustand können die Erreger aber nicht bekämpft werden. Die Winterruhe ist also nur zum Schein eine Erholungsphase, sondern eher eine Phase der Schwächung. Die im Sommer erworbenen Abwehrkräfte werden aufgezehrt, und im Frühjahr brechen bei steigenden Temperaturen die Krankheiten dann verstärkt aus. Man spricht auch von »Frühjahrskrankheiten«. Es entstehen dann Erregerstämme, die kaum mehr besiegt werden können.

Hinweis: Weiße Flecken auf der Haut sind nicht immer Anzeichen von Pilzbefall. Auch ältere Fische können noch weiße Flecken bekommen. Weiß ist die letzte Stufe beim Umfärben (→ Seite 59).

»Saunamethode«

Diese Behandlungsmethode macht zwar viel Arbeit, ist aber sehr wirkungsvoll. Sie können sie anwenden, wenn Sie doch einen Goldfisch separat behandeln müssen. Dafür sollten Sie ein 60 x 30 x 30-cm-Aquarium einrichten. Beleuchtung ist nicht notwendig. Natürliche Pflanzen sind eher hinderlich, einige Plastikpflanzen geben den Fischen während des Aufenthaltes im »Fischkrankenhaus« Schutz und Deckung. Wichtig sind ein kleiner Innenfilter mit geringer Strömung (Flossenschäden!) und

Checkliste
Krankheitsanzeichen

1 Schleimhaut: weißliche Farbe, nicht transparent; offene, rote Stellen oder Geschwüre; starke Schleimabsonderung; Hautparasiten (→ Seite 50); weiße Pünktchen, watteartige Beläge.

2 Afterregion: geschwollen; Kot weißlich oder durchscheinend, wird in langen Schnüren abgegeben.

3 Flossen: Säume ausgefranst oder zerfressen; weiße Pünktchen, watteartige Beläge, Bläschen.

4 Verhalten: Fische scheuern sich; Kiemenbewegung zu schnell; Fische hängen an der Wasseroberfläche; »pumpende« Atembewegungen; Fische schnappen nach Luft; zucken mit den Flossen; Futterverweigerung.

5 Körperform: Bauch eingefallen oder aufgebläht; Stirnpartie über den Augen läuft spitz zu.

6 Schuppen: stehen ab, wirken wie gesträubt.

7 Augen: trüb; vorstehende Glotzaugen.

ein gut funktionierender Oxydator für extrem hohen Sauerstoffgehalt im Wasser.

So gehen Sie vor:

1. Geben Sie das entsprechende Medikament genau nach Gebrauchsanweisung ins Aquarium. Lassen Sie sich im Zoofachhandel beraten.

2. Mit Hilfe eines Regelheizers mit Gradeinteilung erhöhen Sie die Wassertemperatur täglich um 2 °C bis auf 26 bis 28 °C.

3. Die Erreger werden sich unter diesen Bedingungen wesentlich schneller vermehren, und die Krankheit wird erst richtig ausbrechen. Das ist gewollt, denn jetzt können alle Erreger durch das Medikament abgetötet werden. Resistente Stämme, die sonst von Medikamenten kaum mehr bekämpft werden können, entstehen nicht. Die Krankheit heilt schneller und vollkommen aus.

Füttern Sie während der Behandlung nur leichtverdauliche Flocken. Nach zirka 14 Tagen können Sie die Temperatur langsam wieder absenken.

Hautparasiten

Karpfenlaus: Manchmal entdeckt man kleine rote, meist kreisrunde Flecken in der Schleimhaut eines Fisches, speziell in Kiemennähe und an den Flossenansätzen. Bei genauem Hinsehen entpuppen sich diese oft als die Bißwunden der Karpfenlaus. Das sind kleine, platte, graue Hautparasiten, bis 2 mm groß (→ Zeichnung unten). Dieser Parasit wird mit Fischen oder Futtertieren aus Karpfenteichen eingeschleppt.

Die Bekämpfung ist einfach, aber mühselig. Die befallenen Fische müssen vorsichtig herausgefangen und die Läuse einzeln mit der Pinzette abgesammelt werden. Die roten Flecken sind die Wunden, die die schmarotzende Laus verursacht hat. Behandeln Sie die Wunden mit einem Marderhaarpinsel (Aquarell-Pinsel) mit einem Pilzmittel (vom Zoofachhändler beraten lassen). Natürlich gibt es in der Profi-Fischzucht ein starkes Gift. Es tötet aber auch sämtliche im Teich oder Aquarium lebenden Schnecken und Kleinlebewesen ab.

Fischegel/Ruderfußkrebse *(Lernaea):* Diese Hautparasiten werden ebenfalls durch Teichfische übertragen. Die Behandlung entspricht der bei der Karpfenlaus. Bepinseln Sie die Wunden von *Lernaea* mit einem Mittel gegen die Pünktchenkrankheit (Fachhandel).

Vorsicht: Die Mittel dürfen nicht in die Kiemen laufen, deshalb den Fisch mit dem Kopf nach oben halten!

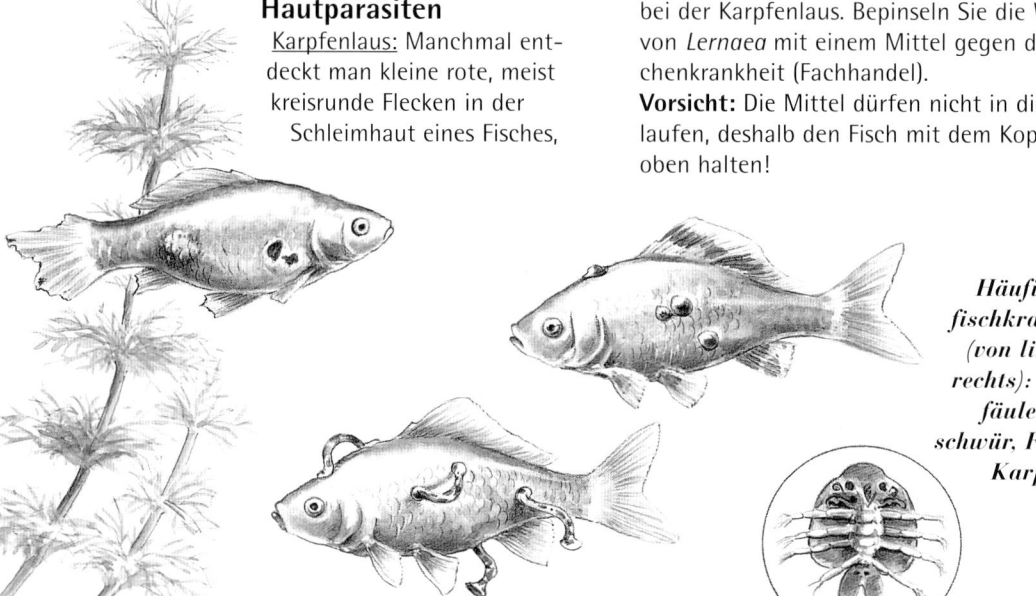

Häufige Goldfischkrankheiten (von links nach rechts): Flossenfäule und Geschwür, Fischegel, Karpfenlaus.

Krankheiten erkennen und behandeln

Erscheinungsbild	Ursache	Gegenmaßnahmen
Fische hängen an der Oberfläche und schnappen nach Luft	Sauerstoffmangel durch Überfütterung, abgestorbene Pflanzenteile oder Düngemittel	Teich: Wasser austauschen durch Überlaufenlassen. Oxydator überprüfen oder Luftpumpe anschließen. 3 Tage nicht füttern. Miniteich und Kübel: Ein Drittel Wasser wechseln. Oxydator überprüfen. 3 Tage nicht füttern. Aquarium: Hälfte des Wassers wechseln und eventuell Futterreste und Mulm absaugen. Frischwasser aufbereiten; Sauerstoff zuführen.
Fische »hängen« teilnahmslos im Wasser, bewegen sich langsam oder gar nicht und stoßen an den Beckenrand	Vergiftung, meist durch Einflüsse von außen, wie Rasendünger, Unkrautvernichtungsmittel, Ameisengift	Teich: Wasser wechseln durch Überlaufenlassen. Oxydator überprüfen oder Luftpumpe anschließen. 3 Tage nicht füttern. Miniteich, Aquarium: Vollwasserwechsel mit Wasseraufbereiter, Sauerstoff zuführen.
Fische sind unruhig, scheuern und zucken mit den Flossen	Parasitenbefall im Frühstadium (Schwächeparasiten, → Seite 50)	Teich: Sauerstoff zuführen. Bekämpfung mit Breitbandwirkstoffen (im Fachhandel beraten lassen). Miniteich, Aquarium: Ein Drittel des Wassers wechseln, Sauerstoff zuführen. Bekämpfung mit Breitbandwirkstoffen (Fachhandel).
Weißer, trüber Belag, »Wattebäuschchen« oder weiße Pünktchen auf Haut und Flossen	Schimmelpilze oder Pünktchenkrankheit *(Ichthyophtirius multifiliis)*	Gegenmittel aus dem Fachhandel! Beraten lassen, genau nach Gebrauchsanleitung anwenden! Unbedingt Sauerstoff zugeben, da manche Mittel die Schleimhaut zusätzlich reizen.
Aufgetriebene Bäuche, Flecken an der Seite, offene Stellen mit weißen Rändern, abgestellte Schuppen	1. Bakterielle Erkrankung 2. Stoffwechselstörung	Ein Drittel des Wassers wechseln! 1. Vom Zoofachhändler beraten lassen. Geeignete Mittel helfen nicht nur gegen weitere Entzündung, sondern verhindern auch, daß sich andere Fische anstecken. 2. Hungern lassen! Sauerstoffgehalt erhöhen.
Schleierschwänze schwimmen kieloben, scheinen nicht abtauchen zu können, ausgefranste Flossen, abgestellte Schuppen	Wahrscheinlich Stoffwechselstörung durch Überfressen oder falsche Nahrung	8 bis 14 Tage hungern lassen! Futter wechseln!

VERHALTENSWEISEN BEOBACHTEN

*Die Beschäftigung mit den farbenprächtigen
Goldfischen macht Menschen jeden Alters Freude.
Die Beobachtung ihres interessanten Verhaltens
oder die eigene Zucht kann zu einem Hobby
fürs Leben werden. Die folgenden Hinweise sollen
Ihnen helfen, das Verhalten der Fische richtig zu deuten.*

Die wichtigsten Sinnesorgane

Das Seitenlinienorgan, eine Art Echolot in kleinen Körperöffnungen, verläuft als Linie seitlich vom Kopf bis zur Schwanzwurzel. Damit nimmt der Fisch Erschütterungen, wie Schritte, wahr und kann daran seinen Pfleger erkennen. Auch Wellenbewegungen oder Strömung realisiert er damit. Dieses Sinnesorgan hilft ihm auch, sich im Schwarm mit anderen Fischen zu bewegen, ohne an seine Nachbarn zu stoßen, sowie Hindernissen auch im trüben Wasser oder in dunklen Höhlen auszuweichen.

Die Augen haben einen großen Blickwinkel, sogenannten Weitwinkelblick. Damit können Goldfische auf kürzeste Distanz scharf sehen.

Die Schwimmblase hilft dem Fisch, im Wasser ohne Flossenschlag in einer gewissen Höhe zu schweben. Starke Temperaturschocks können zu Erkältung der Schwimmblase führen, von der sich die Fische meist nicht mehr erholen.

Atmungsorgane der Goldfische sind die Kiemen und die Haut. Entzündungen und mechanische Verletzungen führen zu Atemnot. Sie können nur ausheilen, wenn der Sauerstoffgehalt des Wassers zusätzlich erhöht wird.

Geruchs- und Geschmackssinn: Die Organe dafür sitzen im Kopfbereich. Sie erlauben dem Fisch, Futter zu finden, und warnen ihn, in Wasserbereiche vorzudringen, die für ihn nicht geeignet sind. Dazu gehören zum Beispiel Bereiche mit hohem Salzgehalt.

Gehör: Goldfische können Geräusche gut aufnehmen. Die Schwimmblase dient dabei als Verstärker und leitet die Reize an ein Gehörknöchelchen weiter.

»Temperaturfühler«: Über besondere Sinnesorgane werden Temperaturen wahrgenommen. Zu kalte oder zu warme Temperaturen halten den Fisch ab, in diese ungünstigen Wasserbereiche zu schwimmen, da dort beispielsweise der Sauerstoffgehalt zu niedrig sein könnte. Krasse Temperatursprünge können zu Hauttrübungen und Erkältungen führen.

Temperaturabhängigkeit

Fische sind wechselwarme Tiere, sie beziehen die Energie für ihre Aktivitäten aus der Umgebungstemperatur. So bestimmt die Wassertemperatur weitgehend den Lebensablauf der Goldfische.

Der schöne Flossenbehang der Schleierschwänze reagiert empfindlich auf Strömung.

T I P

Woher die Jungfische kommen können

Es kann passieren, daß Sie im Frühsommer plötzlich winzige Fischchen im Teich entdecken. Wie schwarze, wenige Millimeter große Kommas flitzen sie unter die Blätter der Seerosen, um Deckung zu suchen. Sie haben mit Sicherheit noch keine Fische gekauft, auch der Nachbar hat Ihnen keinen Streich gespielt – und doch sind sie da.

Des Rätsels Lösung: Es sind junge Goldfische. Irgendwo in Ihrer Nähe haben Goldfische in einem Teich meist am Rand abgelaicht. Die Eier sind klebrig und haften fast überall, auch am Gefieder eines Vogels, der in diesem Teich ein Bad genommen hat. Im Gefieder wurden die klebrigen Eier in den nächsten Teich übertragen. Dort lösen sie sich beim Baden – und schon ist ein neuer Teich besiedelt.

Das kann soweit führen, daß Goldfische, die ständig in warmem Wasser gehalten werden und möglicherweise Streß durch Strömung haben, unter Umständen nicht mehr weiterwachsen und abmagern. Der Grund dafür ist, daß ihre Verdauung in warmem Wasser auf Hochtouren läuft und die Tiere nicht soviel fressen können, wie sie brauchen, um Körpermasse aufzubauen.

Dagegen ist der Stoffwechsel von Goldfischen, die im Teich überwintern, durch das kalte Wasser stark verlangsamt. Werden sie dann auch noch unter dem Eis gestört und müssen sich viel bewegen, magern sie ebenfalls ab.

Typische Verhaltensweisen

Die Beobachtung von Fischen ist eine interessante Entspannung. Beim genauen Hinsehen werden Sie dann auch typische Verhaltensweisen erkennen.

Paarungsverhalten

Im Frühjahr kann es besonders interessant sein, öfter einmal in den Teich zu schauen, vor allem, wenn Ihnen eine gewisse Unruhe nicht entgangen ist. Meist sehen Sie dann einige kleinere, schlanke Goldfischmännchen neben einem größeren Weibchen mit Laichansatz schwimmen, das die Männchen kaum zur Ruhe kommen lassen. Die ständigen Wetterwechsel im April und die wiederkehrenden Regenfälle haben das Paarungsverhalten ausgelöst.

Nach einiger Zeit schwimmt das Weibchen in den Flachwasserteil und bleibt über dem niedrigen Bewuchs zitternd stehen, während es von den Männchen laufend in die Bauchpartie gestupst wird. Dabei pressen sie ihre schlanken Leiber an die dicken Flanken des Weibchens. Kurz darauf treiben Eier im Wasser. Das Weibchen zieht sich für kurze Zeit in tiefere Wasserregionen zurück.

Das Paarungsspiel der Goldfische wird sich sooft wiederholen, bis das Weibchen schlank und somit für die Männchen uninteressant ist.

Handzahm werden

Goldfische erkennen über das Seitenlinienorgan (→ Seite 53) am Schrittrhythmus alle Personen, die sich regelmäßig dem Teich oder Aquarium nähern. Außerdem haben die Fische ein sehr großes Gesichtsfeld, wodurch sie in Kombination mit der Brechung des Wassers »um die Ecke« auf das Ufer sehen können. Der Fisch im Wasser sieht den Menschen ans Ufer treten. Wenn dies regelmäßig mit Füttern verbunden ist, merken sich die Fische den Zusammenhang von Trittfolge und Futter und fressen Ihnen nach einiger Zeit aus der Hand.

Freßreflex

Goldfische schnappen sofort nach allem, was sie für freßbar halten. Nicht geeignetes Futter wird dann mühevoll wieder ausgewürgt. Es scheint ihnen auch Spaß zu machen, überall herumzuknabbern. So beginnen sie im Aquarium plötzlich, an Pflanzen zu zupfen, ohne sie aber zu fressen. Aus diesem Grund ist es wichtig, daß Sie Ihr Aquarium nur mit Materialien dekorieren, die den Fischen nicht schaden.

Neugierde

Goldfische sind sehr neugierig. Wenn Sie Neulinge in ein Becken mit bereits eingewöhnten Fischen setzen, können Sie beobachten, daß die »Etablierten« eine Art Kreis um die Neuen bilden und sie von allen Seiten beäugen. Dann schwimmen einige auf sie zu und stupsen sie an, bis sich die Neulinge entweder verstecken oder die Umgebung erkundend zurückziehen.
Die Neugierde kann für Neulinge unangenehm sein. Deshalb sollten Sie ein paar Futterflocken in einiger Entfernung auf die Wasseroberfläche werfen, um die etablierten Goldfische abzulenken.

Leben unter dem Eis

Die Überwinterung im zugefrorenen Teich ist ein natürliches Ereignis und für das Wohlbefinden der Goldfische gut. Kalt überwinterte Fische werden meist viel älter als dauernd warm gehaltene. Wichtig ist aber, daß die Fische nicht durch Aufhacken des Eises gestört werden. Laufen Sie auch nicht auf dem Eis herum. Jede erzwungene Aktion der Fische unter Wasser ist purer Streß. Ein moderner Eisfreihalter mit Fenster (→ Seite 27) bietet eine störungsarme Beobachtungsmöglichkeit.

Falsche Gesellschaft

Für das gute Gedeihen der Goldfische ist die richtige Fischgesellschaft im Aquarium von entscheidender Bedeutung. Im Teich ist mehr Platz, um sich aus dem Weg zu gehen.
In vielen Aquarien werden Scheibenputzer (Indisches Saugmaul) als biologische Putzkolonne gehalten. Solange genügend Algen vorhanden sind, geht das ganz gut. Wenn die Scheibenputzer jedoch die offensichtlich wohlschmeckende Schleimhaut der Goldfische einmal entdeckt haben, führt das nach wenigen Tagen zu Schleimhautschäden.

Zur Paarungszeit verfolgen mehrere Männchen ein Weibchen mit Laichansatz.

VERHALTEN

DOLMETSCHER

Wenn Sie Ihre Goldfische verstehen wollen, müssen Sie ihr Verhalten richtig deuten können.

 Dieses Verhalten zeigen die Goldfische.

 Was wollen die Goldfische damit ausdrücken?

 So reagieren Sie richtig auf ihr Verhalten.

Zwei Goldfische schwimmen eng zusammen.

Das Männchen umwirbt ein Weibchen. ❓

Vielleicht gibt's bald Nachwuchs. ❗

Der schlanke Fisch stupst den dicken an. 🖐️

Die Fische sind in ❓ Paarungsstimmung.

Sie werden bald ❗ ablaichen.

🖐️ Die Fische schwimmen lebhaft im Becken und stöbern in allen Ecken.

❓ Sie zeigen normales Verhalten.

❗ Nicht stören, sondern daran freuen.

Die Fische schwimmen in Ihre Richtung. 🖐️

Sie haben Hunger. ❓

Füttern Sie die Tiere, aber nicht zuviel. ❗

Mehrere Goldfische stehen eigenartig in Reihe nebeneinander.

So bestaunen sie einen neu in das Becken gesetzten Fisch.

Mit ein paar Futterflocken ablenken, daß der neue keine Angst bekommt.

Die Schleierschwänze haben dicke Bäuche.

Sie sind überfressen.

Eine Woche auf Nulldiät setzen und in Zukunft weniger füttern.

Ein Goldfisch steht sehr ruhig in einer Ecke.

Der Fisch könnte krank sein, er könnte sich aber auch auf seinen Stammplatz zurückgezogen haben.

Beobachten, gegebenenfalls auf Krankheiten untersuchen.

Der Schleierschwanz umschwimmt einen anderen.

Er hat ein Weibchen im Auge.

In Ruhe beobachten, nicht stören.

Goldfische züchten

Die Zucht der Goldfische, das heißt, durch gezielte Paarung bestimmte Eigenschaften zu verbessern, ist eigentlich schon vor zirka 1000 Jahren von den Chinesen abgeschlossen worden. Mit Erstaunen und Hochachtung müssen wir die Leistung der damaligen Züchter und deren Wissen über die Vererbung würdigen.

Zuchtauswahl

Es ist in der Natur so vorgesehen, daß sich nur die besten Tiere paaren und fortpflanzen. Im Verlauf der Evolution haben sich die für das gesunde Fortbestehen einer Art günstigsten Eigenschaften durchgesetzt. Auch bei den Vorfahren des Goldfisches war das nicht anders.

Dann hat der Mensch eingegriffen und Sondermerkmale herausgezüchtet, mit denen Fische in der freien Natur nicht hätten überleben können, zum Beispiel die für Feinde auffällige Goldfärbung. Falsche Zuchtauswahl hat zu Irrwegen, wie bei manchen Schleierschwänzen, geführt. Nur so konnten die Blasenaugen oder Himmelsgucker entstehen. Heute werden diese als »Qualzuchten« (→ Seite 11) verurteilt, denn die Verletzungsgefahr an diesen unnatürlichen Körperanhängen ist groß. Aber auch Löwenköpfe, bei denen die schwammigen Wucherungen über die Augen wachsen, gehören aus meiner Sicht dazu.

Sehr wohl akzeptiert werden können dagegen unter bestimmten Gesichtspunkten die doppelte Schwanzflosse, die etwas kürzere Körperform und das »Kindchengesicht« der Rotkäppchen.

Die Zucht zu Hause

Die Schwierigkeit einer erfolgreichen Zuchtauswahl liegt darin, gesunde unverbildete Elterntiere als Grundlage eines Zuchtstammes über Jahre heranzuziehen.

Beachten Sie folgende Punkte:

✔ Goldfische nach Geschlechtern trennen.

✔ Geeignete Tiere durch abwechslungsreiche Ernährung mit Vitaminen und Spurenelementen auf den Zuchtansatz vorbereiten.

✔ Ein Weibchen mit zwei Männchen zur Zucht ansetzen.

✔ Die ausgewählten Fische kühl überwintern.

✔ Nur mit voll erwachsenen, wirklich gesunden Tieren züchten.

✔ Nur mit Weibchen mit gutem Laichansatz züchten.

✔ Flossen sollen glatt und ohne Knicke sein.

✔ Bei Schleierschwänzen auf gleichmäßige Beflossung achten.

Geschlechtsbestimmung

Es gibt bei Goldfischen keine leicht erkennbaren Geschlechtsmerkmale. Flossenbehang und Farbzeichnung haben mit dem Geschlecht nichts zu tun.

Die Weibchen werden meist im zweiten Jahr geschlechtsreif und wirken durch die Eier im Leib fülliger.

Männchen zeigen während der Laichzeit, je nach Wassertemperatur von April bis Juni, einen deutlich sichtbaren weißen Laichausschlag auf den Kiemendeckeln. Bei größeren Tieren kann man auch außerhalb der Laichzeit zahlreiche rauhe, farblose Erhebungen auf den Kiemendeckeln erfühlen. Das sollte aber nur ein Fachmann prüfen. Männchen sind oft »frühreif«; auch wenn sie noch längst nicht erwachsen scheinen, können sie schon Samen abgeben.

Wichtig: Geschlechtsbestimmung außerhalb der Laichzeit, ohne die sichtbaren Geschlechtsmerkmale, ist nichts für Laienhände!

✔ Gerades Rückgrat ist besonders bei Schleier-
schwänzen wichtig beim Schwimmen.
✔ Keine Fische mit hervorquellenden Augen
zum Züchten verwenden.
✔ Bei Löwenköpfen nur Tiere mit völlig freien
Augen wählen.

Rassenzucht oder Kreuzungen

Das ist manchmal eine Gewissensfrage. Wollen
Sie sich überraschen lassen, was bei der Paarung
von einem gesunden, wohl gewachsenen Weibchen mit zwei Männchen an Vielfalt in Gestalt-
und Farbmerkmalen herauskommt? Oder möchten Sie es den Profis nachmachen und spezielle
Rassenmerkmale in besonderer Schönheit
erhalten?

Bei der Rein- oder Hochzucht kommen nur Tiere
zur Fortpflanzung, die den Idealen schon ziemlich nahe sind. Es kann dabei ungewollt leicht zu
den typischen Merkmalen der Inzucht kommen
und damit zu Anfälligkeit gegenüber Krankheiten und zu Krüppelwuchs.
Bei Vermischung von verschiedenen Rassen entstehen als Ergebnis meist Fische, die vielleicht
nicht genau den Idealvorstellungen entsprechen,
die aber robust und lebenstüchtig sind.

Aufzucht der Jungfische

Die Aufzucht der Jungfische macht keine
großen Probleme. Im Zoofachhandel gibt es
spezielles Aufzuchtfutter, zum Beispiel Staubfutter. Nehmen Sie auf jeden Fall Flockenfutter.
Die große Palette der Fischfuttersorten für
Warmwasserfische bietet eine reichliche Aus-
wahl.
Die Jungfische sind richtige Fresser und setzen
entsprechend Kot ab. Im Aufzuchtbecken sind
deshalb ein guter Biofilter (→ Seite 36) und ein
Oxydator (→ Seite 22) für den Sauerstoff sehr
hilfreich.

Umfärben der Jungfische

Interessant zu beobachten sind die verschiedenen Stufen des Umfärbens bei den un-
scheinbaren grauen Jungfischen der ursprünglichen Goldfische. Mit etwa 5 cm
färbt sich der Rücken schwarz und der rest-
liche Körper golden, dann wird der Körper
rot, und es können sich schwarze und weiße
Flecken bilden. Je nach Wassertemperatur
kann das Umfärben auch Jahre dauern. Sogar
handgroße Tiere färben sich manchmal noch
um. In warmem Wasser gehaltene Goldfische
beginnen mit dem Umfärben bereits nach
etwa 3 bis 4 Monaten, auch werden sie
früher geschlechtsreif.

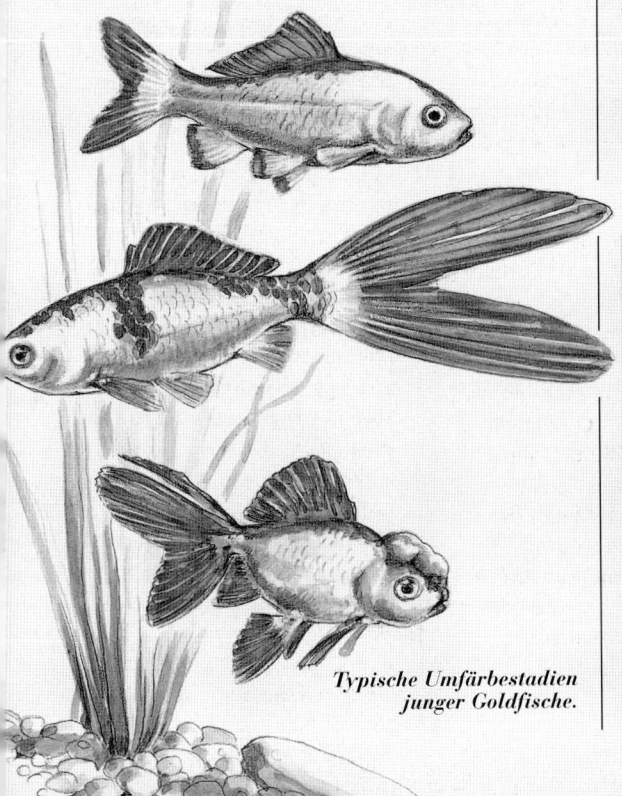

*Typische Umfärbestadien
junger Goldfische.*

Die halbfett gesetzten Seitenzahlen verweisen
auf Farbfotos und Zeichnungen.

Zwei halbwüchsige Löwenköpfe mit typischem Kindchengesicht.

Adressen die weiterhelfen

• Verband Deutscher Vereine für Aquarien- und Terrarienkunde e.V. (VDA), Geschäftsstelle: Hans und Ingrid Stiller, Luxemburger Str. 16, D-44789 Bochum
<u>Hinweis:</u> Der VDA gibt Auskunft über aktuelle Adressen von Aquarienverbänden in Ihrem Wohnbereich, hilft weiter bei Vermittlung von Kontakten (z.B. Hilfe bei Fischkrankheiten, Beschaffung von seltenen Fischen).

• Bundesverband für fachgerechten Natur- und Artenschutz e.V. (BNA), Postfach 1110, D-76707 Hambrücken
<u>Hinweis:</u> Dachverband der Vereine und Verbände der privaten Tierhalter. Vertritt deren Interessen v.a. bei Belangen der Artenschutzgesetzgebung.

• Privates Fachinstitut für die Pflege und Haltung von Süßwasserfischen, Dr. Lechleiter, Senefelderstr. 45, D-70176 Stuttgart.

• Österreichischer Verband für Vivaristik und Ökologie, Landesverband Niederösterreich, Richard Pfister, Langenlebarnerstr. 50, A-3430 Tulln

• Institut für Zoologie, Fischereibiologie und Fischkrankheiten der Tierärztlichen Fakultät LMU München, Kaulbachstr. 37, D-80539 München.

Sachversicherung

Z.O.F. GmbH, Bahnhofstr. 65, D-31008 Elze.

Fragen zur Aquaristik beantworten

Ihr Zoofachhändler und der Zentralverband Zoologischer Fachbetriebe Deutschlands e.V., D-63225 Langen, Tel. 06103/910732 (nur telefonische Auskunft möglich)

Bücher, die weiterhelfen

(falls nicht im Buchhandel, dann in Bibliotheken erhältlich)

• Amlacher, E.: Taschenbuch der Fischkrankheiten. Gustav Fischer Verlag, Jena.

• Baensch, H./Paffrath, K./Seegers, L.: Gartenteich-Atlas. Mergus Verlag, Melle.

• Bassler, G.: Bildatlas der Fischkrankheiten. Neumann-Neudamm Verlag, Melsungen.

• Hilble, R.: Kois. Gräfe und Unzer Verlag, München.

• Piechocki, R.: Der Goldfisch und seine Varietäten. Urania, Leipzig.

Wichtige Hinweise

In diesem Ratgeber sind elektrische Geräte für die Aquarien- und Teichpflege beschrieben. Beachten Sie unbedingt die Sicherheitsvorschriften der Hersteller, da es sonst zu schwerwiegenden Unfällen kommen kann.
Prüfen Sie vor der Anschaffung eines großen Aquariums die Belastbarkeit des Fußbodens in Ihrer Wohnung am vorgesehenen Standort. Wasserschäden durch Glasbruch, Überlaufen oder Leckwerden des Beckens können nicht immer vermieden werden. Schließen Sie daher unbedingt eine Versicherung ab.
Achten Sie darauf, daß Kinder Wasserpflanzen nicht essen. Es können erhebliche gesundheitliche Störungen auftreten. Fischmedikamente und andere Mittel zur Behandlung der Fische und des Wassers sind vor Kindern zu sichern. Ätzende Chemikalien dürfen nicht mit Augen, Schleimhäuten oder Haut in Berührung kommen.

• Scheuermann, I.: Pflanzen fürs Aquarium. Gräfe und Unzer Verlag, München.

• Schliewen, U.: Aquarienfische. Gräfe und Unzer Verlag, München.

• Stadelmann, P.: Das Aquarium. Gräfe und Unzer Verlag, München.

Zeitschriften, die weiterhelfen

• DATZ. Aquarien- und Terrarien-Zeitschrift, Eugen Ulmer Verlag, Stuttgart.

• Das Aquarium. Birgit Schmettkamp Verlag, Bornheim.

• Aquarium heute. Aquadocumenta Verlag, Bielefeld.

• TI Magazin. Tetra Verlag, Münster.

• Das Tier. Egmont Ehapa Verlag, Leinfelden-Echterdingen.

Der Autor

Peter Stadelmann ist Zoofachhändler sowie Ausbilder und Prüfer für Einzelhandelskaufleute im Zoofachhandel bei der Industrie- und Handelskammer Nürnberg. Er hat für GU Naturbuch schon verschiedene Titel zu Aquarien- und Gartenteichthemen verfaßt.

An unsere Leserinnen und Leser

Wir freuen uns, Ihre Meinung zu diesem TierRatgeber zu erfahren. Bitte schreiben Sie uns, wenn Sie Berichtigungen und Ergänzungsvorschläge haben oder wenn Ihnen etwas besonders gut gefällt.

Gräfe und Unzer Verlag
Redaktion Natur
Stichwort:
TierRatgeber
Postfach 86 03 66
D-81630 München

Die Zeichnerin

Renate Holzner arbeitet als freie Illustratorin. Ihr breites Repertoire reicht von Strichzeichnungen über fotorealistische Illustrationen bis hin zur Computergrafik.

Die Fotografen

Bilder Pur/Hartl: Seite 28;
Bilder Pur/Reinhard: Seite 24;
Bilder Pur/Steimer: Seite 17;
Kahl: Seite U2, 12 li.o., li.u., re.u., 40, 44, 45 (großes Foto), 57 li.o., 61;
Nieuwenhuizen: Seite 12 re.o., 13 li.mi., re.u., 53, 56 li.o.;
Peither: U1 (beide Fotos), 6/7, 9, 13 li.o., li.u., re.o., 16, 20, 29, 33, 37, 45 (kleines Foto), 48, 49, 52, 56 re.o., U4;
Reinhard: Seite 2/3, 4/5, 8, 21, 25, 32, 36, 41, 56 li.u., re.u., 57 li.u., re.o., 64/U3;
Verlag A. C. S./Teigler: Seite 57 re.u.

Fotos: Buchumschlag und Innenteil

Umschlagvorderseite: »Normale« Goldfische (großes Foto), Rotkäppchen (kleines Foto). Umschlagrückseite: Wunderschöner Komet. Seite 1: Zwei erwachsene Schleierschwanz-Weibchen. Seite 2/3: Junge Kometen, noch ohne die typischen lang ausgezogenen Flossen. Seite 4/5: Fast erwachsene, aber schon geschlechtsreife Goldfische. Seite 6/7: Junger Calico-Schleierschwanz. Seite 64/65: Zwei halbwüchsige Goldfische spielen am Grund.

Impressum

© 1999 Gräfe und Unzer Verlag GmbH, München. Alle Rechte vorbehalten. Nachdruck, auch auszugsweise, sowie Verbreitung durch Bild, Funk und Fernsehen, durch fotomechanische Wiedergabe, Tonträger und Datenverarbeitungssysteme jeder Art nur mit schriftlicher Genehmigung des Verlages.

Redaktion:
Anita Zellner
Lektorat:
Angelika Lang
Umschlaggestaltung und Layout:
Heinz Kraxenberger
Zeichnungen:
Renate Holzner
Herstellung:
Gabie Ismaier
Satz: Ludger Vorfeld
Reproduktion:
Fotolito Longo
Druck und Bindung:
Stürtz

ISBN   3-7742-3702-6

Auflage   4. 3.   2. 1.
Jahr   02 01 2000 99

EXPERTEN - RAT

1 Wo kann ich Goldfische am besten halten?

In einem Goldfischteich im Sommer und einige Jungfische in einem Aquarium den Winter über.

2 Kann ich Goldfische draußen überwintern?

Ja! Wenn der Teich entsprechend winterfest gemacht wird und eine Mindesttiefe hat.

3 Wie alt können Goldfische werden?

Über 20 Jahre, wenn sie im Winter kühl gehalten werden.

4 Müssen die Goldfische im Teich unbedingt gefüttert werden?

Ja und nein! Das hängt von der Anzahl der Fische und der Größe des Teiches ab.

5 Wie viele Junge bekommen Goldfische pro Jahr, und werden es nicht zu viele?

Bis zu 4000 Eier legt ein Weibchen. Davon werden etwa 25 Fische erwachsen. Es regelt sich von selbst!

Der Experte gibt Antwort auf die 10 häufigsten Fragen zur Goldfisch-Haltung.